LES RIVES
DE LA VIENNE

LÉGENDES DU POITOU

PAR

M. le Cte R. de CROY

Membre de la Société des Antiquaires de l'Ouest,
d'Indre-et-Loire, de Picardie, etc.

Les Ruines de Chitré.
Le Trésor de M. Ledoux.
Les Bûcherons de la forêt de Moulière.
Claude de Chauvigny.
Journal de M. de Marans.

PARIS

ARNAULD DE VRESSE, LIBRAIRE-ÉDITEUR

55, RUE DE RIVOLI, 55.

—

1857.

LES RIVES

DE LA VIENNE

Châtellerault.— Imp. A. Varigault.

LES RIVES
DE LA VIENNE

LÉGENDES DU POITOU

PAR

M. le Cte R. de CROY

Membre de la Société des Antiquaires de l'Ouest,
d'Indre-et-Loire, de Picardie, etc.

PARIS

ARNAULD DE VRESSE, LIBRAIRE-ÉDITEUR
55, RUE DE RIVOLI, 55.

1857.

AU LECTEUR

Parlez au portier, telle est la formule usitée par les visiteurs qui franchissent le seuil d'une maison. Nous savons que l'invitation manque d'attraits, mais nous demandons à n'être pas confondus avec les cerbères qui ont mission de défendre une porte, *cave canem*. D'abord nous l'ouvrons toute grande au public et au lieu de l'introduire dans une sorte de puits garni d'une échelle qui communique à des cases humaines, autrement dit une maison, nous l'invitons à nous suivre sur les rives de la Vienne, au milieu de pelouses émaillées de fleurs, sous l'ombre transparente des peupliers élancés, des oseraies et des saules :

fugit ad salices et cupit videri..

Et notre bergère du Poitou, comme celle du poète immortel, ne demande qu'à être poursuivie : pauvre fille naïve, elle se mire aux eaux limpides de la Vienne, elle se couronne des fleurs des prairies mêlées à celles de la tradition et des souvenirs. Approchez, ami lecteur, venez vous asseoir à côté de cette diseuse de légendes, ne vous effrayez pas de sa simplicité rustique, déjà quelques auditeurs bienveillants ont entendu celles du voisinage; ces récits sont simples, c'est de l'histoire populaire, la bonne à ce que nous croyons, mais qui réclame toute l'indulgence de ceux qui veulent bien les écouter.

Aujourd'hui, après tout, les légendes deviennent rares ; le siècle a trop d'esprit pour croire et répéter ces traditions de nos pères; lorsque par hasard elles se présentent, il faut se hâter de les recueillir. Avec les contes de Perrault on amuse l'enfance ; au temps jadis, notre société aimait les merveilleux récits, nous étions jeunes alors, mais à présent nous sommes graves et sérieux, les révolutions nous ont appris à douter,.. même de l'avenir.

— IX —

Et cependant, ces connaissances dont nous sommes si fiers, nous les devons, comme les légendes, aux monastères du moyen-âge. Les clercs consacraient leur vie à la recherche des trésors classiques et bien des gens, malgré leur scepticisme, sont encore convaincus qu'ils ont rendu un grand service au monde moral, en greffant cette plante parasite sur la jeune tige pleine de sève qui ne demandait qu'à verdir. Hélas! pauvre littérature nationale, dès son début on enchaînait son sourire gaulois, sa naïve et franche allure au cadavre mutilé d'une philologie morte pour toujours! De la porte du sanctuaire qui aurait dû ne s'ouvrir que pour donner issue, chaque année, aux disciples du régénérateur du monde, s'élançaient des docteurs hérissés de lambeaux classiques, déguisés sous les oripeaux du paganisme. Une autre porte heureusement, celle qui mettait nos monastères en rapport avec les campagnes, laissait sortir les légendes, les traditions, les pieuses chroniques des miracles et des martyrs. C'étaient là de nébuleuses histoires où la grandeur, l'amour, le sentiment religieux, brillaient d'une lumière inconnue aux peuples de Grèce et d'Italie; mais c'était une lumière douce, mélancolique et rêveuse, en harmonie avec nos mœurs, nos croyances et notre climat.

Peut-être alors une histoire du pays aurait-elle été possible, du moins on en avait les éléments; les gran des actions étaient populaires, les acteurs dédaignaient les coulisses et les illusions de la scène; des sentiments communs, une croyance sincère unissaient les héros du drame et leurs historiens.

Maintenant trouvez-moi quelque chose de probable en dehors de la légende; de l'histoire se passant de la tradition.

Car, pour qu'un fait puisse prendre un caractère sérieux, digne d'être consigné dans les annales d'un grand peuple, il faudrait l'apprécier dans sa source, dans son action, dans ses conséquences. La chose est-elle possible de nos jours? n'est-il pas probable qu'une partie de ce fait, s'il a quelque valeur, se dérobe à nos regards; n'est-il pas certain qu'il sera apprécié par autant d'opinions qu'il y a de spectateurs et ne perdra-t-il pas ainsi tout son caractère en tombant sous le jugement et la controverse de principes entièrement opposés ?

Il n'y a donc plus de nos jours de faits historiques; qu'on ne se révolte pas de cette assertion étrange, il suffira de quelques mots pour le prouver.

Depuis 1789, une génération a pu assister à bien des évènements étranges, à des épisodes dramatiques: lequel de ces éléments de l'histoire se présente aujourd'hui dépouillé de tout nuage, avec une certitude absolue, je ne dis pas dans sa partie brutale, mais dans les causes qui l'ont fait naître, dans les résultats qu'il a pu amener ?

Éprouverait-on des doutes à ce sujet ? Que le gouvernement ouvre un bureau historique où l'on admette le premier venu à témoigner d'un fait dont il sera juge; si l'enquête se prolonge et s'applique à l'une des révolutions gouvernementales que nous avons traversées, on appréciera à quel résultat elle doit aboutir.

Ce résultat sera zéro.

Nos journaux d'opinions différentes en fournissent chaque jour la preuve.

Mais précisément parce que l'histoire est impossible aujourd'hui, elle était possible à une époque toute différente dont l'appréciation était homogène. Cette appréciation, nous dira-t-on, était fictive; c'est probable, alors nous rentrons dans la légende, dans les véritables éléments de notre histoire.

Prenons nos plus anciens historiens, de ceux qui ont prétendu tracer le tableau de l'existence d'un grand peuple; l'un commence par publier les portraits des Rois avec des versets. l'autre se jette dans des principes fanatiques et altère toute chose, celui-ci est historiographe payé pour combiner des flatteries, celui-là un bénédictin savant qui rattache à la tradition et à la légende tous les trésors de son savoir, toutes les recherches de son ordre. Eh bien ! où est l'histoire au milieu de ces publications si diverses mais si uniformes quant à l'ennui ? Passons les premiers dont on commence à faire justice, arrivons au bénédictin, au savant qui constate les faits, vérifie les dates et établit une chronologie positive.

Nous aurions beaucoup à dire sur ce grand mot de *chronologie positive*, restreignons-nous à une seule observation. La certitude d'une date et d'un fait isolé constitueront-ils jamais dans leur nudité ce qu'on doit chercher dans l'histoire ? ce fait d'ailleurs tout innocent qu'il puisse être, n'est-ce pas le ouï-dire, la légende, la commune renommée qui l'apporte au savant comme à la publicité ? Avant que d'exercer son contrôle, il doit donc accepter et se restreindre ainsi que les autres hommes et toute sa mission se bornera à enregistrer des dates, à constater des faits, à faire concorder l'ère ancienne et l'ère nouvelle et à orthographier les noms des choses et des personnages suivant l'époque et le lieu; mission déjà fort difficile et dont nous ne connaissons aucuns qui se soient parfaitement tirés.

Joinville, Montluc, Philippe de Comines, tous les auteurs de mémoires, n'est-ce pas la légende faite homme ?

Veut-on pour simplifier les faits descendre quelques-uns des degrés qui conduisent à ce grand théâtre, alors nous arrivons aux archives des familles que la vanité ou le respect filial auraient dû conserver pures de tous mensonges, mais là précisément nous retrouvons le roman et la tradition. La Mélusine, les dieux du paganisme, la tribu de Lévi et bien d'autres légendes, servent de point de départ aux plus anciennes. D'autres plus modernes ont cherché une origine étrangère à leurs noms modifiés. En France, pas une famille ne remonte par filiation suivie au-delà de l'an mille et presque toutes ont cette prétention. On ne demandait que des preuves de trois cents ans pour monter dans les carrosses dorés du Roi; ces preuves, bien peu étaient à même de les faire, tant les *titres* sont rares,.... nous ne parlons pas de ceux de nos jours.

C'est donc partout la légende, la tradition qu'on nous donne trop sérieusement pour de l'histoire. Nous savons qu'il y a des hommes qui ressentent le besoin d'être savants et beaucoup d'autres qui les admireront toujours sur parole, mais nous ne doutons pas aussi qu'un jour viendra où ce chaos informe qu'on décore du nom d'histoire et de géographie, retombera brisé sous l'esprit de critique et d'analyse. L'éducation telle qu'elle existe maintenant, c'est l'esclavage de cet esprit dont le 19e siècle est si fier. Elle passe au même moule toutes les capacités et toutes les aptitudes. Les notions qu'elle offre en nourriture aux jeunes intelligences doivent les corrompre et les abuser. Nous consentons à ce qu'on soit français au point de vue politique de la nationalité, mais on nous permettra de regretter que les peuples que César comptait dans les Gaules ne soient pas restés Bretons, Bourguignons ou Poitevins, quant aux souvenirs, et que leur type se soit effacé sous ce grand niveau d'égalité dont les Rois ont été les premiers promoteurs.

La prétention ne nous vient certes pas à propos de quelques *manus devis,* comme disait le poitevin Bouchet, de donner la férule à tous ceux qui s'occupent pieusement de l'histoire. A genoux avec le vulgaire, nous respectons ce que nous ne saurions comprendre : qu'on nous pardonne nos légendes, qu'on les prenne après tout pour ce qu'elles valent, peu de chose, et nous nous engageons à user de réciprocité avec nos historiens les plus savants.

Ceci déduit en toute humilité, nous demandons que le lecteur n'y voie pas une apologie loin de notre pensée, et nous nous hâtons d'entrer dans quelques explications sur les légendes qui suivent.

Ces légendes choisies parmi beaucoup d'autres que nous avons recueillies sur les rives de la Vienne et de la Creuse, ont reçu l'hospitalité dans un journal, auquel nous payons en passant le tribut de notre gratitude. Cette publication restreignait naturellement notre scène à quelques localités connues des lecteurs. D'ailleurs, avant nous, d'autres avaient moissonné dans ces causeries de la veillée de la *Mère-Grand* et au foyer de nos chaumières du Poitou. Les pérégrinations et les chroniques populaires (1) d'un savant aimable et spirituel, nous interdisaient des sentiers déjà connus. Nous sommes donc resté simplement collecteur de quelques récits auxquels nous avons conservé la naïveté et la négligence natives, dans la pensée qu'ils devaient être lus par un public qui, sans être savant, aime encore ce genre d'histoire.

Plusieurs faits et plusieurs noms de la seconde et de la troisième légende sont généralement connus dans le pays. Leur révélation nous est arrivée par vingt bouches différentes, il ne s'agissait que d'arranger la mise en scène ; l'étude spéciale des lieux nous a beaucoup aidé dans ce travail.

Quant au récit des déportemens du sire de Chauvigny, nous sommes obligé d'avouer à nos lecteurs l'embarras que nous cause notre ignorance.

Voici la chose :

Il y a environ deux ans, nous déjeunions un jour de foire à Châtellerault dans une petite auberge appelée le *Pin-Vert* ; la foule était grande et la place à table rare. Les convives étaient de ceux qui, chaque mois, viennent faire leurs affaires et pour cela ne négligent ni un ample repas, ni la tasse de café et les petits verres, car il est bien reconnu que cela aide

---

(1) De Longuemar, pérégrinations, 1 vol. in-8º. Poit. 1856.

particulièrement à les conclure. Or, il se trouvait autour de nous quelques marchands de bœufs qui s'animèrent à la fin du déjeûner et se mirent à se gausser les uns et les autres, avec ce vieil esprit gaulois dont le peuple a conservé le secret. Le sujet de la conversation n'offrait pas, comme on le suppose, un grand intérêt, lorsque l'un des interlocuteurs se mit à citer ce dicton :

« De Chauvigny à Châtelleraud,
» Autant de vaches que de veaux. »

Certes, l'assertion n'avait rien que de très-admissible, mais apparemment que les convives y attachaient un sens satyrique, car l'un d'eux, élevant la voix, s'écria : — Oui, oui, c'est une *blague* des *bigames* de Chauvigny.

Ce mot bigame, peu usité dans le langage populaire, attira notre attention, nous observâmes celui qui venait de le prononcer et plus tard ayant eu occasion de le revoir, il nous raconta une partie de l'histoire du sire de Chauvigny. Champagnac dans ses chroniques du crime et de l'innocence (1) rapporte les mêmes faits; son récit concorde avec le récit de notre convive, mais il reste à savoir si la tradition s'applique à Chauvigny sur Vienne, à quelque fief du voisinage ou à une autre localité du même

---

(1) Tom 2, Paris, Menard, 1835. — 6 vol. 8°.

nom. Champagnac dit expressément, le sieur de *Verlé* ou *Verrets, seigneur de Chauvigny en Poitou*, mais la compilation de cet auteur mérite peu qu'on s'arrête à ses assertions.

Chauvigny renferme à lui seul tous les genres de traditions historiques. Les annales de cette ville et de son vieux château touchent à tous les points de nos traditions nationales : aux Gaulois, par ses puits et ses grottes de fées; aux Romains, par les voies antiques et les bornes milliaires ; aux premiers siècles de l'Église, par ses *ustrinum*, la tradition de la Font-Chrétien et le gué de la Biche où Clovis fit passer son armée pour aller combattre Alaric; aux premières années du moyen-âge, par son vieux château que les seigneurs-évêques de Poitiers y possédaient; aux croisades, par le rôle brillant qu'y joua le baron André de Chauvigny en conquérant son cri d'armes célèbre : *chevaliers pleuvent;* aux guerres anglaises, par le souvenir d'autres Chauvigny, morts aux côtés de Jean à la bataille de Maupertuis ; à nos discussions religieuses, par cette brèche, encore visible, faite au grand donjon par les canons du maréchal de St-André, postés sur le haut de la côte opposée, qui depuis s'est appelée *grondine;* enfin aux troubles de la Fronde, par cette auberge du *Soleil,* où Louis XIV enfant passa la nuit (1).... On voit qu'en lui prêtant

---

(1) De Longuemar.

une tradition de plus ce serait prêter à un riche.

La charte d'Isambert Ier, citée par Besli dans ses évêques de Poitiers, doit donner à croire que dès le dixième siècle, Chauvigny était devenu l'apanage de ces évêques. Le nom des seigneurs paraît s'éteindre au quatorzième. Dans le doute, nous nous sommes adressé à l'un des plus savants archéologues du département ; voici ce que M. l'abbé Auber nous a répondu :

« Il n'y a pas, que je sache, une localité du nom
» de Verré ou Verlé dans les environs de Chauvigny.
» Près la Roche-Posay, on connaît un petit hameau
» nommé Verlet, mais je ne crois pas qu'il y ait eu
» jamais ni seigneur ni fief qui s'y rattachassent. Il
» est bien probable que ce Chauvigny, condamné par
» le parlement de Paris, comme bigame, était de la
» famille dont la branche la plus ancienne fut le
» tronc de toutes les autres dans notre pays. Mais
» depuis le dixième siècle au moins, elle ne possédait
» plus la seigneurie de la petite ville dont elle a gardé
» le nom ; cette baronie ayant été cédée par les
» possesseurs, on ne sait plus comment, aux évêques
» de Poitiers, qui la gardèrent jusqu'en 1791. »

Ainsi, réduit à l'impossibilité d'éclaircir le fait, nous ne pouvons mieux faire que d'en renvoyer la solution à nos savants collègues de la société des Antiquaires de l'Ouest.

— XIX —

Il nous reste un mot à dire sur le journal du chevalier de Marans qui termine le volume.

Nous pouvons mettre sous les yeux des personnes qui en éprouveraient le désir les pages fort illisibles d'où nous avons extrait les parties les plus intéressantes.

La maison de Marans qui ne figure pas dans le dictionnaire généalogique des familles de l'ancien Poitou, par Henri Filleau, quoique beaucoup d'autres sans illustration en fassent partie, remonte à une très-ancienne origine (1). Les seigneurs de Marans sont issus d'un puîné des anciens barons de Preuilly en Touraine, lequel ayant eu dans le XIe siècle par partage la ville et châtellenie de Marans, en Saintonge, en prit le nom. En Poitou, elle posséda postérieurement les fiefs de St-Marc, de Varennes, des Ormes, de St-Martin sur la Vienne, de Bois-le-Roi, de Tricon, etc., etc. En Berry, du Tartre, de Lafont, etc. Cette famille s'est alliée aux maisons de Crévant, des ducs d'Humières, de Reilhac, de Frottier, de Marsollier, de Vernon du Chatellier (2), du Theil, de la Châtre, etc. (3)

---

(1) Généalogie hist. de la maison de la Châtre, 1789, in-fol.

(2) Vernon du Chatellier, allié aux Gouffiers, aux Montmorency. Raoul de Vernon laissa une veuve, gouvernante des enfants de France. Ce fut elle qui fit reconstruire une partie de la forteresse du Chatellier, longtemps en notre possession. — Cette famille d'origine écossaise, a fourni la *Diana Vernon*, de Walter Scott.

(3) Consultez sur les Marans, la notice sur la châtellenie des Ormes, par M. d'Argenson, tome 5 des mém. des A. de l'Ouest

— XX —

Nous avons donné en tête du journal la liste des Marans au nombre de cinq qui avaient émigré en 1792. Les Marans de Varennes ou *Varanes*, comme celui-ci l'écrivait, les Marans de Beauregard, de Tricon, de la Chapelle, des Rosiers, etc., et celui qu'on appelait le *beau Marans* et qui avait épousé la marquise de la Rochetulon, étaient tous parents à des degrés rapprochés. Nous croyons que l'auteur du journal dont nous donnons des fragments était le Marans de Varennes, qui avait deux filles et un fils, qui émigra avec son père et fit les campagnes de l'armée de Condé (1).

Et maintenant, ami lecteur, pour emprunter au théâtre espagnol sa locution favorite : — *excusez les fautes de l'auteur*.

---

(1) Renseignements que nous devons à l'obligeance de Mme de Marans, supérieure du monastère de Ste-Croix.
— Voyez aussi le calendrier de la nob., par Carré, de Busseroles, Tours, 1856.

LES RIVES DE LA VIENNE.

LES RUINES DE CHITRÉ.

I.

On était au mois d'août 1856, donc je ne raconte pas l'histoire ancienne.

La date quoique récente est remarquable; nous ne jouissons pas chaque année d'un mois tropical comme celui de 1856. Depuis quelques années les saisons semblent en révolution; peut-être cela tient-il aux almanachs fabriqués, par M. Pagnerre, en 1848. Quoiqu'il en soit, si nous n'avons plus de printemps, l'été se fait encore sentir. Dans le présent mois d'août, le soleil a une foule de brillants rayons auxquels il est difficile d'échapper. S'il dore nos raisins, il grille nos arbres et nos fleurs; s'il dessèche nos rivières et tarit nos fontaines, il nous fait tourner en eau. Ses caresses brunissent les teints les plus innocents : encore un peu et nous aurions tous la mine de nos braves de l'armée d'Orient. — Est-ce qu'ils auraient aussi conquis le soleil ? disait dernièrement une dame de Châtellerault.

C'est par cette chaleur des plus intenses que cheminant, il y a quelques jours, sur la route de Châtellerault à Chauvigny, je me dirigeais vers les ombrages de la forêt de Molière, lorsque je parvins aux ruines de l'ancien château de Chitré. Sa haute tour blanche brillait au soleil, tandis que ses murs épais et ses étroites ouvertures semblaient promettre la fraîcheur. Je me dirigeai vers cette ombre bienfaisante et j'allais la quitter, après une heure de repos employé à dessiner ces ruines, lorsqu'un brave homme vint s'asseoir à mes côtés. Sa figure maigre et osseuse, ses longs cheveux, son nez pointu et ses petits yeux verts, lui donnaient une physionomie peu attrayante ; il portait une blouse bleue et un large chapeau qui l'abritait du soleil. Avec son vigoureux bâton, suspendu à son poignet par un cordon de cuir, mon voisin s'amusait à reproduire mon dessin sur le sable, et je puis ajouter, sans aucun sentiment d'envie, qu'il en faisait un massacre affreux.

Pour mettre fin à ce travail qui m'agaçait, je me tournai vers mon voisin et touchant son bâton, dont il faisait un si bel usage, — combien comptez-vous de kilomètres d'ici à la forêt de Molière ? lui dis-je, en cherchant à fixer son attention.

— Pour de vrai, notre monsieur, je n'en savons rien.

— Vous n'êtes donc pas du pays ?

— Du pays ? que si ; d'où voulez-vous donc que je soyons ?

— Alors, repris-je, il est impossible que vous ne connaissiez pas la forêt de Molière.

— Oui, notre monsieur, oui, je la connaissons comme le logis de Chître ; mais vous parlez de *kilobêtes*... c'est-y du trou aux serpents que vous voulez dire ?

Ou mon homme ne voulait pas répondre, où il était stupide ; mais ses petits yeux brillants, fixés sur moi avec un sourire malicieux, ne permettaient pas d'admettre cette dernière supposition. Jugeant qu'il ne voulait pas s'expliquer sans préambule, je continuai la conversation pour l'empêcher du moins de reprendre son œuvre d'art.

— Et qu'est-ce que le trou du serpent, je vous prie ?

— Oh ! notre monsieur, un chétif trou qu'est pas loin, sous cette tour là-bas, mais qu'est bouché à présent, faut pas mentir.

— Ainsi, il n'y a plus de serpent ?

— On n'en a jamais vu, faut pas mentir, qu'un

seul, il y a bien longtemps ; il ne sortait que la nuit des trépassés. C'était, à ce que disait ma grand'mère, l'âme d'un ancien seigneur de Chîtré...

Ces mots promettaient une histoire et je les rattachai par ma pensée à celle de cet antique manoir. Fermant mon album, je me tournai tout-à-fait vers mon poitevin, et le regardant fixement, je lui dis d'un ton résolu : contez-moi cette histoire.

— Une histoire ! notre monsieur, c'est bien vrai, faut pas mentir; ma grand'mère tenait la chose de sa grand'tante, qui la tenait de son ancienne cousine Jeannette, qui la tenait de...

— Bien, bien, interrompis-je, à cette généalogie qui menaçait de remonter au déluge; l'histoire, peu importe de qui elle vient !

— Oui, notre monsieur, oui; mais, m'est avis qu'il fait trop chaud pour vous la conter ici. Si vous allez à la Molière, faisons un petit bout de chemin jusqu'à *la Carpe-Frite*. Le père Dubois a un petit vin blanc bien gentil, vous me ferez l'honnêteté d'un litre et alors je vous dirai tout.

— Soit ! marchons.

Une heure après, nous étions assis dans un cabaret de village, dans une salle dévorée par les mouches, en face d'une mauvaise table et d'une bouteille de vin blanc et de deux verres. Le vin était acide, les verres peu attrayants, mais mon paysan l'avalait lestement. Sommé de tenir parole, il commença ainsi. Je traduis un peu son langage; s'il s'y rencontre des erreurs, que la critique me soit légère, faut pas mentir, je les mets sur son compte.

II.

Tel que vous avez vu ce vieux château, me dit notre homme, faut pas vous imaginer qu'il ait toujours été ce qu'il est aujourd'hui. Au temps jadis, il n'y avait qu'une tour bien haute, laquelle semblait curieusement regarder tout ce qui avait l'audace de passer dans le val de la Vienne. Cette curiosité n'était pas du goût de tout le monde, car au sommet de ses blanches pierres, des ouvertures laissaient apercevoir des yeux ardents qui donnaient le frisson aux voyageurs. Le marchand ambulant allongeait le pas lorsqu'il passait dans le voisinage; le juif, la main sur son escarcelle, essayait de se dissimuler derrière les arbres et les bruyères, et la jeune fille cessait tout-à-coup ses chants, lorsqu'elle revenait le soir par les sentiers qui cotoyaient les remparts.

C'est que la tour de Chîtré, après avoir été longtemps la résidence d'une noble et hospitalière famille, était tombée depuis quelque temps au pouvoir d'un sire Tiercelet ou Tiercelin qui possédait tous les instincts de cet oiseau de proie. Ce nom était-il un sobriquet ou celui de sa race, c'est ce que je ne saurais dire : toujours est-il que le sire Tiercelin d'Appel-Voisin, faisait regretter son bon vieux frère, mort peu d'années auparavant, et ne laissant pour héritier qu'un jeune *gars* d'environ 16 ans. (1).

Dans ce vieux temps, le monde ne marchait pas comme il fait de nos jours. Le trouble était un peu partout : les grands avaient de l'ambition et des idées de guerre; les bourgeois, jaloux de leurs privilèges et des droits de leurs cités, s'efforçaient de conquérir une fructueuse indépendance ; la misère était pour le pauvre paysan, serf attaché à la glèbe, qui, toujours battu, toujours pillé, devait cependant nourrir ses oppresseurs. Élevé par un oncle brutal et méchant, notre jeune gars aurait dû grandir dans ces habitudes d'orgueil, de violence et de mépris des hommes, mais soit que le sang de son noble père fît battre son cœur, soit qu'une réaction se fît dans sa pensée contre tant de brutalité et d'injustice, le damoiseau, quoique hardi et remarquablement habile dans tous les exercices du corps, n'en avait pas moins une grande douceur avec ses vassaux. Il était bon et affable; sa main mignonne ne craignait pas de toucher leurs mains calleuses. — *Ma fry ! cil est pour-*

---

(1) Nous répétons que nous ne voulons pas nous porter garant des assertions historiques de notre conteur. Mais son étymologie vaut bien celle d'Henri Filleau qui dérive les *Appelveizin* de *Palavicini*.

traict du père Veizin, disaient les *geons* du voisinage. (1).

Ce portrait cependant devait être un peu plus gracieux que celui du défunt sire d'Appel-Voisin dont il conservait la mémoire. Le jeune Louis, élégant et souple dans ses formes juvéniles, avait la peau blanche et rosée comme un enfant. Ses longs cheveux blonds, roulés, descendaient, à la mode du temps, sur ses épaules; son nez était mince, sa bouche bien dessinée, ses yeux noirs, fiers et doux, et si toute sa physionomie révélait encore l'adolescent, on y reconnaissait facilement, pour un avenir prochain, l'homme d'armes résolu, le guerrier du 16e siècle. Son éducation n'avait pas précisément suivi ce sentier battu qui jetait alors, tout ce qui avait la puissance, dans les voies d'intrigues ou de violence. Voisin du prieur de Savigny, qui avait travaillé à son éducation morale, le jeune Louis continuait à ressentir pour ce vénérable religieux autant d'amitié que d'estime. Un jour se passait rarement sans qu'il entreprit, suivi de ses deux beaux lévriers, le trajet de Chitré au prieuré. Certain d'y être toujours bien accueilli, il profitait, dans ses longues conversations avec le père Eustache, du savoir et de la philosophie que le clergé possédait alors. Son cœur s'attendrissait

---

(1) Géons, gens. Voyez *Rolea Poitevinea*, Poitiers, 1660.

aux récits émouvants des sacrifices héroïques des saints martyrs, et son esprit s'exaltait en entendant raconter maintes légendes, où parfois la superstition avait bien sa part.

Un soir d'été, qui s'était passé, sous la tonnelle, à entendre, au prieuré, l'histoire d'un seigneur du Fou, revenant de la croisade, pauvre, nu, mais riche des bénédictions du seigneur, et qui retrouvait, en arrivant, des domaines prospères, grâce à l'intervention d'une sainte ou d'une bonne fée, dont l'identité n'avait jamais été bien constatée, Louis reprenait le chemin de Chîtré, en rêvant aux choses d'un monde inconnu qui séduisent l'esprit, comme une espérance ou un désir. Déjà la moitié de la route était parcourue, la lune brillait pure dans un ciel sans nuages, lorsque le cœur ému des récits qu'il venait d'entendre, il s'assit sur un monceau de rochers, au lieu qu'on appelle aujourd'hui *l'Espérance.* Le site était heureusement choisi pour justifier ce nom, mirage trompeur de notre esprit. Dans cette partie du Poitou, riche en accidents de terrains, en abondante végétation, l'endroit que le jeune gars avait préféré, laissait courir la vue sur une étroite vallée, bordée de vieux chênes, et offrant, çà et là, quelques fragments de grosses pierres qui semblaient lever leurs têtes blanches, comme autant de fantômes se glissant de nouveau dans un monde qu'ils avaient quitté. Un peu plus loin, à l'embranchement de deux chemins, se dressait une croix gothique dont la pierre, grossièrement sculptée, contenait une petite image de la Sainte Vierge Marie. Durant le jour, ombragée par plusieurs de ces chênes antiques, si communs alors, si rares aujourd'hui, la nuit elle était à peine visible ; son pied se perdait dans une touffe de genêts sauvages, tandis que le sommet, noyé dans l'ombre, allait se fondre dans le feuillage d'arbres à qui elle avait servi certainement de protectrice et de mère.

Louis d'Appel-Voisin était plongé depuis quelque temps dans ces vagues rêveries qu'on ne saurait traduire, lorsqu'il en fut tiré tout-à-coup par le gémissement plaintif de l'un de ses chiens, couché auprès de lui. Sa vue, qui s'était égarée dans le ciel, où elle suivait, sans les comprendre, les méandres de la voie lactée, s'abaissa dans la vallée et chercha l'objet qui venait d'appeler la surveillance de son fidèle limier. A côté de la croix, il lui sembla voir une forme blanche, indécise, se lever, s'approcher, s'accroupir, puis disparaître derrière les bruyères et les genêts qui en garnissaient la base. Surpris, ému de cette apparition si singulière, au milieu de la nuit, loin de toute habitation, notre jeune homme resta d'abord cloué à sa place, sentant un frisson courir sur toute sa personne. Mais bientôt, surmontant cette terreur passagère, il se leva, saisit sa dague et s'avança avec précaution.

Inutilement ses yeux sondaient chaque buisson du voisinage, il voyait bien à côté de la croix une forme blanche dont les contours lui échappaient ; mais ce pouvait être l'une de ces pierres que la vallée renfermait. Les chiens ne grondaient plus, ils suivaient leur maître en témoignant leur crainte, lorsque tout-à-coup des sons d'abord insensibles et confus s'élevèrent avec une extrême douceur et Louis put reconnaître les litanies de Marie, la vierge sainte, que chantait sur un mode lent et monotone, une voix dont le timbre et la pureté paraissaient ne pas appartenir à ce monde. Notre jeune homme s'arrêta de nouveau ; jamais il n'avait rien entendu qui lui allât si directement au cœur. Les célestes paroles descendaient du ciel comme un cantique des anges. Longtemps ses sens furent concentrés tout entiers dans cette émotion étrange, enfin l'objet qu'il avait entrevu se leva cette fois distinctement du pied de la croix, un signe de la main qui s'adressait certainement au jeune sire, parut lui défendre de le suivre et l'apparition était déjà évanouie, qu'on entendait encore, comme un murmure, ce doux cantique, *consolation des affligés, étoile du matin, reine des anges...* se perdre et se confondre, pour ainsi dire, dans les profondeurs de la nuit.

Trois mois s'étaient écoulés depuis la nuit où cette apparition avait si vivement ému Louis d'Appel-Voisin. On touchait à la fin de l'été. Chaque jour, pour ainsi dire, il avait cherché à découvrir le mystère qui l'entourait; vainement il avait questionné le vieux prieur de Savigny ; il s'était sans plus de résultat mis en quête de la jeune fille du voisinage qui avait pu s'offrir à lui dans des circonstances si étranges, rien n'était venu l'aider dans ses conjectures. Peu à peu l'impression qu'il avait éprouvée s'effaçait de son esprit; il ne lui restait plus qu'un de ces vagues souvenirs, légers comme un rêve, lorsqu'un soir, par un beau coucher du soleil, il se trouva de nouveau en présence de cet être inconnu qui avait fait battre son cœur et longtemps envahi sa pensée. Louis était en ce moment dans une de ces longues allées, percées sous les vieux chênes, par nos pères, pour servir à la chasse ou à la promenade, quand il crut découvrir dans le lointain, assise dans une ombre transparente, une forme blanche qui tressait des fleurs. Ce ne fut pas sans émotion qu'il s'approcha : les contours se dessinèrent alors plus distincts; bientôt il reconnut ce que son cœur avait deviné d'abord, non un fantôme, mais une gracieuse enfant, à demi couchée sur la mousse des bois, entourée de blanches marguerites et d'autres fleurs des champs et occupée à en faire des couronnes plus dignes de la beauté que les fleurons d'or des reines. Louis s'était arrêté à quelques pas, il contemplait avec un étonnement où se mêlait un sentiment nouveau, cette belle créature aux blonds cheveux, au corsage d'abeille, dont la main mignonne et transparente était plutôt d'une châtelaine que d'une bergère du Poitou. Jusque-là leurs regards ne s'étaient pas rencontrés : l'un était timide comme au jeune âge ; l'autre, au milieu de ses fleurs, n'avait pas vu ou feignait de ne pas voir celui qui la contemplait avec ardeur. Quelques minutes se passèrent dans cette situation embarrassante. Une fleur rejetée par la jeune fille, une autre trop loin, que sa main voulait atteindre, servirent à nouer leurs relations. Sans dire un mot, le jeune homme avait saisi une poignée de blanches marguerites, il s'avança, les offrit, et fut remercié par un regard qui lui parut un rayon descendu du ciel.

— Merci, messire, dit la jeune fille avec un sourire aux lèvres roses et aux dents nacrées. Louis, enhardi par cette voix qu'il croyait entendre pour la seconde fois, vint s'asseoir à côté d'elle.

— Les fleurs des jardins seraient plus belles, reprit-il, après un assez long silence durant lequel il couvrit du regard cette douce et gracieuse physionomie.

— Les fleurs des jardins sont pour les hommes, celles des champs sont à Dieu.

— Ou à Notre Dame et très-sainte mère Marie, dit le jeune homme.

— M'est avis, messire, que Notre Dame doit aimer tout ce qui est innocence, fleurs et beauté.

— Et c'est pour cela que vous savez chanter ses louanges?

— Moi! s'écria la jeune fille en rougissant.

— Vous! dit le mauvais garçon, devenant moins timide en observant le trouble de sa compagne. Et il se mit à lui raconter l'apparition de la vallée, non sans laisser deviner la vive impression qu'elle avait produite dans son esprit.

Quand il eut terminé, un long regard qui fit courir un frisson dans tout son être, fut l'unique réponse de la jeune inconnue. Durant son récit, Louis avait pris une petite main inoccupée, qui se trouvait emprisonnée entre les siennes sans qu'on songeât à la retirer.

— Laissez-moi finir mes couronnes, lui dit-on alors.

— Vous convenez donc que je vous rencontre pour la seconde fois. Mais qu'êtes-vous devenue pendant ces trois derniers mois? Quel est votre *logis*? Où demeure votre honoré père? Car de tout cela je n'ai rien pu savoir, ni par course, ni par question, depuis cette nuit que je n'oublierai de ma vie.

— Et pourquoi, je vous prie?

— Vous me le demandez? Hier encore, je n'aurais pu vous répondre. Aujourd'hui... et le jeune homme se mit à son tour à rougir sans achever sa phrase.

— Et bien, aujourd'hui, beau ténébreux ?

— Promettez-moi que vous me reverrez demain, que je saurai qui vous êtes, et vous lirez alors dans ma pensée. Secret pour secret, entendez-vous.

La jeune fille se leva et ramassa ses couronnes. — Moi je ne suis pas curieuse, dit-elle en souriant. Ce que vous appelez mon secret ne m'appartient pas; ainsi donc, Messire d'Appel-Voisin, adieu.

Elle avait fait deux pas, et déjà elle reprenait l'allée ombreuse sous les bois, lorsque Louis se précipita vers elle et l'arrêta. — Oh! je vous supplie, s'écria-t-il avec passion, ne me quittez pas ainsi, ne me laissez pas dans cette affreuse incertitude de ne plus vous revoir, vous la douce servante de Marie. Soyez bonne, soyez indulgente; dites-moi que je vous retrouverai ou je ne vous quitte pas, je vous suis partout, je....

Un charmant éclat de rire laissa tomber ses notes perlées comme la roulade d'une fauvette; un second regard aussi doux que malicieux fit de nouveau frissonner le jeune homme. — Curieux, dit la jeune fille, et.... indiscret! Oh! bien donc, sire entêté, vous allez promettre de ne pas me suivre, et demain... La croix du carrefour... A revoir.

Ces derniers mots furent jetés en courant. Louis n'osant désobéir, ramassa une à une les fleurs qu'on avait dédaignées, et tout en suivant des yeux cette blanche forme qui glissait, comme une fée légère, sous les arceaux de verdure, peut-être les porta-t-il involontairement à ses lèvres. Déjà elle commençait à disparaître dans le crépuscule, lorsque les échos lointains d'une voix et d'un chant qu'il avait si présents à l'esprit, arrivèrent en mourant à ses oreilles. Il lui sembla alors qu'il ne tenait plus à la terre; le parfum de ces humbles fleurs à demi fanées, ce murmure qui lui allait au cœur, arrachèrent un soupir au jeune gars... L'homme n'est-il pas toujours un peu malheureux dans son bonheur.

III.

Mon paysan poitevin venait de lâcher sans aucun remords cette observation philosophique, lorsqu'il jugea à propos de suspendre son récit : son verre était vide, sa bouteille aussi. Le gosier sèche, notre monsieur, dit-il d'un ton lent et traînard qui contrastait avec l'animation de ses dernières paroles ; *m'est avis*, pour parler comme notre demoiselle, que voila le soleil qui se couche : la bonne femme va m'attendre pour manger la soupe. Tant bavarder n'est pas sain, il faut partir....

— Et la fin de votre histoire !

— Bah! vous vous en passerez bien et moi aussi.

Il se levait, je lui mis la main sur l'épaule et le

forçai à se rasseoir. Il était facile de comprendre ce que voulait ce brave homme : je frappai sur la table et demandai une seconde bouteille de piqueton. — Voyons, lui dis-je, la bonne femme attendra. Encore un verre et puis nous souperons ; que diable ! vous ne voulez pas me quitter ainsi. Il hésitait; le vin arriva, il se rassit.

— C'est donc la fin de l'histoire, que vous voulez, dit-il ?

— Sans doute.

— Faut pas mentir ! mais vous êtes furieusement bavard !

Donc en ce temps-là, je vous l'ai dit, on était d'humeur fort batailleuse. Notre bien-aimée reine Éléonore avait jeté des semences de désordre qui avaient poussé comme *l'avoine de sainte Radégonde* (1) dans cette belle province du Poitou. Si l'on criait *Noël pour Charles VII*, à Poitiers, d'un autre côté, on criait encore plus fort, *vive Henri VI, roi d'Angleterre*. La France était morcelée et les méchants

---

(1) Sainte Radégonde poursuivie par son royal époux et sur le point d'être atteinte, aperçut un laboureur qui semait de l'avoine. Lorsqu'on vous demandera si vous avez vu passer la reine, dit-elle au paysan, répondez que vous n'avez vu personne depuis que vous *semiez* ce blé; puis elle entra dans le champ. La semence à peine répandue, se prit à croître aussitôt et s'éleva à une telle hauteur, que Radégonde fut entièrement cachée, ce que voyant Clotaire, il comprit le miracle et s'en alla. — Fleury, vie de Sainte Radégonde, in S., Létang, Poit.

en profitaient pour piller le pauvre monde, augmenter le désordre et vendre leur fidélité douteuse au parti le plus riche ou du moins à celui qu'ils supposaient le plus fort.

Le seigneur de Chîtré, tuteur de Louis, n'avait pas bonne renommée : il était dur et cruel avec ses vassaux, orgueilleux avec ceux de son espèce et d'une loyauté très-contestée, aussi trouvait-il peu de sympathie autour de lui. — *Le seigneur de Chîtré est-il bientôt mort ?* (1) disaient les gens du voisinage, et ces paroles qu'il avait plus d'une fois entendues, ne contribuaient pas à le rendre meilleur.

Mais c'était depuis quelque temps surtout que sa conduite semblait plus violente et plus inexplicable. Chaque jour il se signalait par de nouvelles exactions et par des accès de colère qui se terminaient souvent d'une manière sanglante. Tout était trouble et désordre dans la vieille tour. La nuit, l'orgie faisait tinter les verres, éclore les chansons licencieuses, les blasphèmes et les jurements. Louis, révolté de semblables scènes, avait bien cherché à interposer sa voix, mais il avait été accueilli avec une si grande violence, qu'il avait pris le parti de se trouver à la tour le moins possible; et cependant, quand venait l'heure des matines, il était parfois réveillé, au fond de sa petite

---

(1) Rolea Poitevinea, Poit. 1606.

chambre, par des clameurs si étranges, que le sommeil fuyait loin de sa paupière, sous un sentiment de terreur.

Le soir dont nous avons parlé tout à l'heure, lorsque Louis d'Appel-Voisin revint en rêvant à la tour, il fut frappé de l'ordre et du silence qui y régnaient. Un étranger y était arrivé dans la journée; c'était la seconde fois depuis quelques mois qu'il renouvelait sa visite et on remarquait que chaque fois qu'il était venu à Chîtré, tout avait changé de face, l'ordre et la tranquillité succédant au trouble et à la licence qui d'ordinaire remplissaient le vieux manoir. Après le repas du soir, le vieux seigneur resta enfermé toute la nuit avec l'étranger et le lendemain les hommes d'armes à son service, prétendirent avoir entendu compter et bruire des masses d'or.

Ce qui est certain, c'est que le lendemain, dès le point du jour, le tuteur de Louis et l'inconnu sortirent à cheval des murs de Chîtré. Ils devaient être absents plusieurs semaines; où allaient-ils, nul ne le savait. Peu importait après tout au jeune gars. Dans cette circonstance, il ne voyait qu'une liberté plus absolue, et la possibilité d'échapper au désordre et à la vie licencieuse qui se produisait autour de lui; aussi profita-t-il de cette liberté avec ardeur, et comme sans doute on le suppose, ne fut-il pas en retard pour se diriger vers la croix du carrefour.

Cette fois il attendit longtemps, mais enfin sa patience obtint sa récompense. Vers la fin du jour, celle qu'il avait quitté la veille avec tant d'émotion, apparut à ses yeux fatigués de leur longue exploration. Elle vint sans hésiter, mais lentement au-devant de lui, et si son cœur battait à l'unisson de celui du jeune homme, sa figure ne trahissait pas ce secret que les femmes sont si habiles à cacher.

Dire ce qui se passa entre ces deux beaux enfants innocents et timides serait aussi oiseux que difficile. Ce rendez-vous fut suivi de beaucoup d'autres. Ils s'aimaient et jamais ils ne songèrent à se le dire. Leurs paroles étaient graves, légères ou joyeuses, sans qu'elles eussent d'autres inspirations qu'un ciel pur ou la disposition de leurs cœurs. Les mains dans les mains, quelquefois un bras autour de la taille souple de la jeune fille dont la tête s'appuyait sur l'épaule de son ami, ils allaient, cheminant dans la vallée, cotoyant les blés murs, ou s'égarant sous les sentiers ombreux des bois. Louis cueillait des fleurs, pour avoir le droit de les attacher au corsage aimé, et le soir il était heureux lorsqu'il recevait ces mêmes fleurs. Un jour qu'il s'était blessé à la main en voulant saisir, sur le haut d'un églantier, quelques roses sauvages, on le força à s'asseoir, et bien près de lui, il fut procédé à la recherche de l'épine qui le faisait souffrir. L'opération fut longue; la petite aiguille qui cherchait l'épine traîtresse, était entre des mains si émues, la goutte de sang semblait si grave; il y avait tant d'intervalle où l'on oubliait l'opération pour rester, les yeux dans les yeux, à se parler le langage de l'âme, ce langage plus mélodieux que la pensée!.. Ce soir, Louis fut plus hardi qu'à l'ordinaire, dans un instant d'ivresse, il serra la jeune fille entre ses bras et lui donna le premier baiser que jamais femme eût reçu de lui. Mais rappelez-vous ceci, âmé lecteur, Louis vivait au 15me siècle et il n'avait que dix-sept ans.

Les jours s'écoulèrent rapidement, le sire d'Appel-Voisin revint de son voyage; le bonheur des jeunes gens était fini. Le lendemain du retour du vieux soudard, la jeune fille aborda tristement son ami. — Nous allons nous quitter, lui dit-elle, vous ne pouvez plus rester à Chîtré, vous allez peut-être recevoir, dès ce soir, l'ordre de partir. Ne me demandez pas comment je suis instruite de ces choses, je ne pourrais vous le dire. Vous avez respecté mon secret, merci, mon ami; il y allait de votre intérêt comme du mien et si je n'avais pas eu cette confiance dans votre honneur, jamais nous n'aurions passé tant de doux moments ensemble. Hélas! ces heureux jours sont évanouis, ils ne reviendront jamais. Des obstacles insurmontables nous séparent : ne m'interrogez pas, il m'est impossible de vous donner d'explication. Pensez à moi cependant, et croyez-le, je ne saurais vous oublier... Oh! si d'épouvantables malheurs devaient vous atteindre, tenez, prenez ce chapelet béni par notre Saint-Père, et rapporté par mon aïeul, un soldat des guerres de Palestine, il vous rappellera le premier soir de notre... de nos relations. Priez Louis, priez ; notre divine mère Marie est la *consolatrice des affligés*. Nous l'invoquerons.. elle viendra à notre secours... et maintenant, mon ami, maintenant adieu... adieu pour toujours.

IV.

On s'imagine facilement avec quelle tristesse Louis regagna Chîtré, le soir. Son tuteur paraissait l'attendre avec impatience. A peine était-il auprès de lui, que l'entraînant dans une petite pièce qui avait autrefois servi d'oratoire, il s'expliqua sans détour. La France, lui dit le soudard, avait besoin d'hommes d'armes hardis et forts; le roi de *Bourges*, Charles VII, presque dépouillé de ses états, allait relever le drapeau humilié du pays et reconquérir sur les Anglais son royaume morcelé et sa gloire compromise après la triste *journée des Harengs ;* Poitiers devenait le centre de ses opérations. Déjà l'Université et le Parlement y étaient transférés et depuis quelques semaines on parlait d'une jeune *pastoure*, inspirée d'en haut, qui, des provinces éloignées, venait offrir à travers mille dangers, de servir de guide et d'étendard aux hommes d'armes du roi, pour les conduire à la victoire. Dans ces conjectures, Louis ne pouvait rester oisif à Chîtré, il fallait répondre à l'appel de son souverain maître et suzerain; son tuteur restait pour veiller aux intérêts de son neveu, mais le jeune homme devait partir, partir sans retard, et dès le jour suivant il se dirigerait vers Poitiers avec quelques hommes d'armes pris parmi ses vassaux.

Le découragement de Louis était profond; la perspective de servir son pays et de conquérir sa part de gloire, lui rendit un peu d'énergie et de courage. D'ailleurs, que pouvait-il faire désormais à Chîtré, privé de l'objet de son amour ? Le rayon de soleil qui, la veille encore, prêtait à la campagne un attrait si charmant, lui paraissait aujourd'hui sans lumière et sans chaleur. Jamais il ne pouvait seul, sans que son cœur fût déchiré de cruels souvenirs, retourner dans ces sentiers qui ne conservaient plus de traces de son bonheur passé. La guerre, c'était encore pour lui le mouvement et la vie, tandis que le séjour de Chîtré, ne lui offrait que tristesse et désespoir. Il n'y avait pas à hésiter, Louis d'Appel-Voisin, sur un cheval de guerre, armé du casque et de la lourde épée de son aïeul, quittait le lendemain le vieux château. Il était accompagné par deux serviteurs armés comme lui et comme lui décidés à combattre; et avant que le soleil fut levé à l'horizon, il traversait la Vienne, Vouneuil qui ne consistait alors qu'en une église et une tour et il se perdait dans les ombres encore profondes de la forêt de Molière.

Poitiers était alors plein de bruit et de mouvement; une portion de l'armée campait sous ses murs, la cour venait d'y arriver et les docteurs de l'Université, hérissés de cette science dogmatique, pédante et pourtant naïve du 15e siècle, faisaient subir de ridicules examens à Jeanne la *pastoure*, ou la pucelle d'Orléans, comme on l'appela plus tard (1). Louis fut d'abord un peu dépaysé au milieu de cette foule et de ce tumulte, mais son nom ne tarda pas à lui ouvrir la place qui lui appartenait et qui était plus dangereuse alors que profitable. De vieux amis de son père patronèrent le jeune gars, on le mena auprès du roi, qu'on appelait *gentil prince* ou *très-noble Dauphin* et il reçut de celui qui trouvait si dur de reconquérir son royaume au prix de ses plaisirs, l'accueil franc et enjoué, caractère particulier de plusieurs des derniers Valois. Louis fut placé à la suite de La Hire; il devait approcher chaque jour de la jeune inspirée que Dieu envoyait pour sauver la France. Il était en

---

(1) Un conseiller Limousin, frère Séguin, lui disait en l'interrogeant : Quel langage parle la voix de Dieu ? meilleur que le vôtre, répondit-elle avec vivacité. — (Barante, h. des d. de B. t. 5.)

effet auprès d'elle, lorsque, sortant de *l'hôtel de la Rose*, accompagné de Jean de Rabasteau, vénérable conseiller au Parlement auquel on l'avait confiée « elle
» prenait avantage d'une petite pierre au coin de la
» rue St-Étienne pour se hisser sur son cheval. »
Plus tard, Jeanne devait devenir l'amie de notre jeune homme; elle le vit manier hardiment son épée; comme lui, elle aimait les champs et la campagne; il était triste et sage (1) cela lui plût. Enfin elle le surprit égrenant entre ses doigts distraits les *ave* d'un chapelet qu'il portait sur la poitrine comme si c'eût été une chaîne d'or; Jeanne lui serra la main ainsi qu'à un frère. Il est bien vrai que tous deux marchaient soutenus par un énergique sentiment de l'âme; mais certes, ce n'était pas le même amour.

L'armée se mit en marche et arriva sous les murs d'Orléans. Chaque jour voyait surgir de brillants faits d'armes dans l'attaque des nombreuses bastilles défendues par les Anglais. Il y avait là bien des grands et braves capitaines, le bâtard d'Orléans, les sires des Riez, de Graville, de Gaucourt, de Chailly, d'Iliers, de Thermes, l'amiral Culant, La Hire, Saintraille, etc. Louis s'efforçait au milieu d'eux de faire son devoir.

---

(1) Jeanne avait horreur du péché et de la mauvaise conduite; elle ordonna à tous ces gens de guerre de renvoyer les fillettes qu'ils menaient avec eux. — (Déposition de P. Compaing, chanoine d'Orléans).

D'abord il fut heureux, les coups pleuvaient autour de lui sans l'atteindre ; mais il s'exposait trop pour que cela pût durer toujours. A l'attaque de la bastille des *Tournelles*, il se trouva au fort de la mêlée, au travers du feu des couleuvrines et des combattants français et anglais, frappant avec des haches et des maillets de plomb. Son cheval venait d'être renversé et le jeune homme se relevait pour défendre sa vie, lorsqu'au moment de frapper un guerrier qui le menaçait de sa lourde épée, un trait lancé par un archer vint le joindre dans la poitrine, au défaut de sa cote de mailles. Louis ouvrit les bras, saisit son chapelet qu'il porta à ses lèvres et se renversa au milieu de bien d'autres qui avaient déjà perdu la vie dans ce sanglant combat.

Plusieurs heures s'étaient écoulées depuis qu'il gisait parmi les morts, lorsque Jeanne, victorieuse et criant : *Jhesus Maria !* vint à passer, suivie d'une troupe nombreuse de soldats et de capitaines qui partageaient son ivresse. Au moment de franchir le monceau de cadavres où Louis était couché, le cheval de la pucelle se cabra et refusa d'avancer malgré tous les efforts qu'elle pût faire.

— Mon Dieu ! dit-elle, il y a ici quelque chose d'étrange, descendez sire de Gamaches, qui m'avez si loyalement sauvé la vie pendant ce jour, et voyez ce que ce peut être.

Gamaches descendit de cheval : en retournant les malheureux qui avaient perdu la vie, il mit à découvert Louis d'Appel-Voisin, dont la main tenait encore le chapelet fixé contre ses lèvres.

— Jhesus ! je le connais, dit Jeanne, c'est notre jeune ami. Ah ! messires, quelle profanation aurions-nous faite, en foulant ce saint enfant sous les pieds de nos chevaux !.... mais est-il donc mort ?

Deux ou trois guerriers cherchèrent à s'en assurer; Jeanne voyait dans leurs yeux qu'ils n'avaient aucune espérance.

—N'importe, s'écria-t-elle! Assez de sang de France coule aujourd'hui sur la terre ; je veux qu'on l'emporte en ma maison. Sire d'Ambleville. faites-le mettre sur un cheval, notre sainte mère Marie achèvera peut-être son ouvrage et permettra qu'il combatte encore pour elle et pour notre beau pays.

V.

Revenons pour quelques instants à Chîtré. Ce n'était pas sans motif que le tuteur de Louis avait voulu qu'il abandonnât le vieux château. Outre les chances nombreuses de succomber dans la guerre, et dans ce cas, les domaines de Louis devenaient la propriété de son oncle, d'autres motifs aussi sérieux et au moins aussi blâmables, l'avaient engagé à se débarrasser du jeune homme.

Détesté comme il l'était par ses voisins et par ses vassaux, le sire d'Appel-Voisin savait bien qu'à la majorité de son pupille, il lui faudrait quitter le pays, perdre l'administration des domaines et redevenir simple officier de fortune comme par le passé. C'était l'apanage des cadets de famille, mais son orgueil et son avarice se révoltaient à une semblable pensée. On a vu, dans le cours de ce récit, qu'il avait reçu plusieurs fois un inconnu et qu'il s'était absenté avec lui, sans que personne ait su l'objet de son voyage; voici le secret de ses machinations qui n'allaient à rien moins qu'à dépouiller de tous ses biens, celui dont on lui avait confié l'avenir.

Les Anglais, maîtres de la Guyenne, du midi et du nord de la France, cherchaient à étendre leurs conquêtes, autant par la guerre que par de traîtresses négociations. Le centre du pays restait fidèle au roi de Bourges, il fallait faire en sorte de le détacher peu à peu de ces généreux sentiments et de la pensée de son devoir. Des agents furent envoyés par le duc de Bedfort, ministre de Henri IV, afin de fomenter la trahison et de traiter des places fortes et des hommes, soit à prix d'argent, soit avec de fallacieuses promesses. Pierre Mygnotte, d'origine anglaise, mais marié en France sous le dernier règne, avait été chargé de sonder la fidélité du seigneur de Chîtré. Il était venu une première fois au château avec sa fille, seule enfant qui lui restât de son mariage, et comme il avait trouvé le sire d'Appel-Voisin disposé à céder à ses suggestions, non seulement en ce qui le concernait, mais encore quant à des biens et à une place forte qui ne lui appartenaient pas, il était revenu porteur d'une somme considérable en or, devant servir de base au marché odieux qu'il avait négocié. Nous devons dire ici, que Pierre Mygnotte ignorait que ces biens fussent l'apanage du jeune homme, et qu'il croyait traiter avec leur véritable propriétaire.

Les bases de la cession posées, il fallait qu'Appel-Voisin s'engageât d'une manière plus absolue vis-à-vis des chefs du pouvoir que l'Angleterre possédait en France. De là, ce voyage secret, qui dura plusieurs semaines, et durant lequel la fille de Pierre Mygnotte resta aux environs de Chîtré.

Avons-nous besoin de dire maintenant que cette belle enfant, qui avait inspiré un amour si profond à Louis, n'était autre que Pierrette Mygnotte, la fille du capitaine anglais ?

Les choses en étaient à ce point, lorsque, pour se débarrasser de son neveu, dont la présence était un peu gênante pour l'accomplissement de son marché, le vieux soudard le fit partir pour une guerre cruelle, dont il espérait bien ne pas le voir revenir. Le capitaine Mygnotte, appelé par les siens à la défense d'Orléans, quitta Chîtré à son tour quelques jours plus tard, laissant sa fille dans le vieux château, sous la sauve-garde d'un homme qui n'aurait pas dû, s'il n'avait été aveuglé par son patriotisme, lui inspirer une confiance bien absolue.

Le sire d'Appel-Voisin n'avait en effet pu voir la jeune anglaise, sans concevoir pour elle une passion qui n'était en rapport ni avec son âge, ni avec sa situation. L'occasion lui avait manqué d'abord pour lui exprimer ses désirs, mais lorsque son père fut absent, il commença ses poursuites avec cet acharnement qui appartient aux vieux libertins. Pierrette était trop triste du départ de son ami, pour prendre la chose en plaisantant; elle garda le silence, évitant de se trouver seule avec le tuteur de Louis. A cette époque elle apprit, ce que jusque-là elle avait ignoré, qu'elle avait été complice, sans s'en douter, des négociations de son père, pour dépouiller Louis d'Appel-Voisin de son patrimoine. La fourberie du vieillard lui inspira une haine profonde et de cruels regrets. Elle se désespérait d'avoir observé le secret qu'on lui avait imposé et de n'avoir pas prévenu son ami; peut-être, se disait-elle, sans les sentiments qui nous ont entraîné, eût-il ouvert les yeux sur ce qui se passait autour de lui et eût-il été à même de défendre son honneur et son avenir. Avec ces remords, au milieu des longs jours d'absence, Pierrette se désolait, et la conduite du vieux soudard lui devenait chaque jour plus odieuse. Les choses arrivèrent au point qu'elle refusa de quitter la petite chambre qu'elle occupait dans la tour du sud : elle ne sortait de sa prison volontaire que pour interroger les voyageurs et les hommes de guerre, qui passaient parfois par Chîtré. Les Anglais étaient battus; Orléans en la possession du roi, qui marchait avec la pucelle vers Rheims, mais des nouvelles de son père, de son ami, nuls ne pouvaient lui en donner. Plus d'une fois, la jeune fille confia des messages à des compatriotes qui rejoignaient l'armée anglaise : elle appelait son père à son secours, lui racontant la lutte qu'elle soutenait, l'infamie de l'homme à qui il l'avait confiée; mais ces messages restaient sans réponse, et des années s'écoulèrent dans cette situation, qui l'aurait tuée mille fois, si elle n'avait été soutenue par son espérance et son amour.

D'un autre côté, la position du vieux sire de Chîtré devenait embarrassante. Il était lié avec les ennemis de la France, et ces ennemis perdaient chaque jour de leur pouvoir. Louis, dont on n'avait plus entendu parler, était sans doute mort; Mygnotte pouvait revenir et le sommer de tenir ses promesses, mais comment se décider maintenant à abandonner des domaines qui pouvaient lui rester sans crime, ou se couvrir de deshonneur, en les vendant à l'étranger. Comme tous les méchants, il était puni par ses

combinaisons criminelles ; vainement il appelait l'orgie à son aide, le réveil de l'ivresse était affreux.....
mais laissons ce vieux soudard aux tourments de ses remords, de ses craintes et de son fol amour, et revenons auprès des personnages qui ont le droit de nous inspirer plus d'intérêt.

VI.

On était à la fin de l'automne, les journées étaient courtes, un soleil pâle perçait avec peine les brouillards qui remplissaient la vallée de la Vienne, suivant le cours de cette vallée, comme un blanc linceuil qui aurait recouvert les dernières traces de verdure. Vers le soir, par un étroit sentier qui serpentait le long de la rivière, un voyageur, qui paraissait souffrant et fatigué, parvint jusqu'en vue de Chîtré. L'aspect de la haute tour qui commençait à se perdre dans les ombres de la nuit, sembla lui causer une vive impression ; en la regardant, il oublia les heures et sa route. L'obscurité était tout-à-fait venue, lorsqu'il se décida à quitter les voisinages du moulin et à gravir vers le château. Mais à peine eût-il fait quelques pas, qu'il s'aperçût qu'il n'était pas seul sur le chemin ; un bruit confus d'armes retentit à ses oreilles : étaient-ce des soldats de Chîtré ou quelques-uns de ces maraudeurs qui infestaient alors le pays ? Il était difficile de le deviner. Le voyageur s'avança donc avec précaution, s'abritant derrière les broussailles et les plis du terrain, avec une adresse qui faisait croire que le pays ne lui était pas inconnu. Déjà il se trouvait sous les murs du rempart, il venait de franchir un fossé et il s'élevait sur son talus, se montrant à découvert, lorsqu'une rude main s'appuya sur son épaule ; une lutte s'ensuivit, elle ne fut pas longue : l'un était fatigué, souffrant et sans armes, l'autre, fort et vigoureux. Le voyageur dut se résigner à suivre celui qui venait d'interrompre ainsi, et d'une façon assez brutale, son exploration nocturne.

Après quelques centaines de pas, de nouveaux personnages les rejoignirent, et la troupe se dirigea vers le groupe de maisons du *Bas-Villiers,* qui paraissait lui servir de retraite ou plutôt de camp. Le voyageur n'avait pas tardé à reconnaître qu'il était aux mains des Anglais ; il croyait être tombé dans un de ces partis qui exploitaient la France, guerroyant et pillant à leur profit, il s'aperçut bientôt de son erreur : les hommes qui l'accompagnaient, paraissaient vivre sous une discipline plus sévère. A l'entrée du village, on rencontra des sentinelles, et un mot d'ordre fut échangé. Quelques-uns prirent alors les devants et allèrent prévenir leurs chefs de la capture qu'ils venaient de faire. Bientôt une porte s'ouvrit, et le prisonnier fut introduit dans une petite chambre éclairée par quelques chandelles de résine, comme on en voit encore dans le pays. Un homme armé, à la physionomie sévère, à la barbe grisonnante, se leva ; il fit signe de le laisser seul avec le nouveau venu, la porte se referma immédiatement et on entendit les pas d'une sentinelle qui la gardait à l'extérieur.

Un assez long silence suivit. Ces deux hommes, en présence l'un de l'autre, s'examinaient avec une attention qui pouvait faire croire qu'ils cherchaient à se reconnaître, ou que du moins ils voulaient lire réciproquement dans leurs pensées. Le contraste le plus complet existait entre eux : le capitaine anglais touchait aux limites de la vieillesse, mais il était grand, fort et il portait ses armes avec l'aisance d'un vieux soldat. L'étranger, au contraire, montrait un jeune homme aux cheveux blonds, à la barbe naissante, et sa figure pâle et fatiguée révélait de longues souffrances et de grands chagrins. Ce fut en vain, cependant, que l'homme d'armes le sonda du regard ; il supporta cet examen avec une fierté tranquille qui prouvait que son âme était plus forte que son corps.

— Qui êtes-vous ? Que venez-vous chercher dans ce pays ? lui dit le capitaine Mygnotte, qu'on a reconnu, sans doute, avant que nous ne le nommions.

— Et de quel droit, me faites-vous cette demande, reprit le jeune homme ; de quel droit, usez-vous de violence pour m'empêcher d'aller à Chîtré, ou ailleurs, si bon me semble ?

— Du droit que possède un homme d'honneur de se tenir en garde contre la félonie d'un châtelain, d'arrêter un espion, un ennemi, car vous êtes Français et l'agent, sans doute, du traître Appel-Voisin?

— Vous oubliez de qui vous parlez, capitaine !

— Je sais que je parle d'un double traître, sang de diable ! s'écria l'Anglais avec emportement ; je sais qu'à l'heure qu'il est, Chîtré devrait m'appartenir; que je l'ai payé en bel et bon argent du roi mon maître et que j'en ai reçu le commandement; je sais que le vieux soudard ne veut, ni tenir son marché, ni me rendre mon unique enfant, ma fille chérie, qu'il retient enfermée dans ces exécrables murs et qu'il poursuit de son ignoble et détestable amour. Ce que je sais encore, c'est que tout ce qui le touche est confondu dans ma haine pour cet homme ; ainsi, prouvez-moi que vous ne lui appartenez pas, ou par la mordieu ! dans cinq minutes, vous aurez cessé de vivre et vous serez pendu haut et court, comme un traître et comme un espion.

Le jeune homme, parut attéré par ce discours; ses regards marquaient un profond étonnement et il se passa un moment sans qu'il songeât à répondre. Mais sur un geste violent d'impatience du capitaine, il reprit d'une voix lente et solennelle : je me nomme Louis d'Appel-Voisin. Je suis le neveu de celui dont vous parlez et je ne puis croire.....

— Ah! tu es du sang de ce traître, interrompit Mygnotte avec fureur; eh bien! ma vengeance ne se fera pas attendre. Holà! mes *archiers*, qu'on me hisse ce mécréant au noyer le plus prochain.

Deux ou trois hommes d'armes se précipitèrent dans la chambre et se jettèrent sur le prisonnier. La lutte fut courte; Louis fut renversé, et sur un signe du chef, on le dépouilla de son habit pour voir s'il ne cachait pas d'armes ou de missives. On allait l'entraîner, lorsqu'un rayon de lumière vint faire briller la chaîne d'argent et les médailles du chapelet qu'il n'avait pas quitté depuis le jour où, avec l'intervention de Jeanne d'Arc, il lui avait si miraculeusement sauvé la vie. Le capitaine l'aperçut; il s'approcha vivement et, faisant signe à ses gens de s'arrêter : D'où vous vient ce chapelet, s'écria-t-il?

Louis aurait dédaigné de répondre, si, même à l'instant de la mort, il ne lui eût pas répugné de laisser peser sur lui un soupçon d'infamie; il répondit donc qu'il lui avait été donné par une jeune fille qu'il considérait comme sa fiancée, avant les dernières guerres, et que ce même chapelet lui avait sauvé la vie. Cette explication très-simple amena une transformation complète dans les manières du capitaine. Toute sa physionomie exprimait bien encore le doute, mais il commença par congédier ses archers; puis faisant signe à Louis de s'asseoir :

— Jeune homme, dit-il, je souhaite que vous ne me trompiez pas. Si vos paroles sont vraies, j'ai été injuste envers vous, mais nous vivons dans un temps si malheureux ! Ce joyau, qui vient encore de vous sauver la vie, a droit de m'intéresser vivement : il vient de mon grand-père, qui le rapporta de la Palestine, et je l'avais donné à ma fille, en lui faisant promettre de ne jamais s'en dessaisir. Parlez donc, il y a là-dessous des mystères que je dois éclaircir ; parlez, soyez sincère, votre vie, peut-être votre avenir en dépendent.

Louis ne demandait pas mieux que d'entrer dans des explications qui devaient faire jaillir une vérité qu'il commençait à entrevoir. Il fit le récit de ce que nous venons de raconter, jusqu'au moment où, blessé au siége d'Orléans, il avait été miraculeusement sauvé par Jeanne-la-pucelle et grâce aux soins qu'elle lui avait prodigués. Il dit sa longue et douloureuse convalescence ; sa misère lorsque, plus tard, il s'était trouvé seul, après le départ de l'armée, sans amis et sans secours. Enfin le jour allait paraître et les deux guerriers causaient encore; mais leurs relations avaient complètement changé d'aspect, et la plus grande cordialité paraissait régner entre eux.

Dès que le soleil vint se montrer à l'horizon, un parlementaire s'avança vers Chitré. Il tira quelques sons de son cor et un homme d'armes apparut derrière la herse du pont-levis. D'une voix haute et claire, il somma le sire d'Appel-Voisin de cesser d'occuper le manoir, déclarant qu'il en venait réclamer la possession au nom de son neveu, aujourd'hui majeur et seul et légitime propriétaire. Il donnait un quart-d'heure pour lui transmettre la réponse ; et il cloua son épée sur une des traverses du pont, ajoutant que, faute de ce faire, il avait mission de le déclarer traître et déloyal et de le prévenir qu'on agirait par la force et qu'il répondait sur sa vie de sa résistance et de sa félonie.

Ainsi qu'on doit le penser, la réponse ne vint pas. Louis ne pouvait plus avoir de doute sur les mauvaises intentions de son oncle. Sans perdre de temps, il s'occupa de se faire reconnaître par ses voisins ; et peu de jours après, il réunissait autour de lui les seigneurs du Fou, de Crémault, de Traversay, de Bellefonds, de Chauvigny, de Toufou, de Targé et bien d'autres, accompagnés de leurs vassaux et gens d'armes ; et d'accord avec le capitaine Mygnotte, il se prépara à donner l'assaut.

Ce n'était pas chose facile alors de s'emparer de hautes tours, renfermées dans des enceintes de formidables remparts, quand on n'avait, pour tout moyen d'attaque, que des flèches, des lances et des échelles. Il fallait que le courage suppléât à l'absence de moyens stratégiques. Les échelles pouvaient seules vous amener à ces nids d'aigles ou d'oiseaux de proie ; elles furent de nouveau employées, un beau matin, et les assiégeants, au nombre de cent à deux cents hommes se précipitèrent dans les fossés en poussant de vives clameurs.

Le sang poitevin ne manque pas d'ardeur. A côté du calme tourangeau, c'est la flamme du liquide que, dans ce pays, on appelle improprement le punch. Durant quelques heures, les traits et les invectives volèrent avec une égale promptitude, mais sans amener autrement de résultats. Ce que voyant les honnêtes chevaliers qui assistaient à ce commencement de siége, leur humeur belliqueuse s'éveilla et ils franchirent les fossés et se précipitèrent aux échelles. Ici l'affaire devint sérieuse. Monter durant cinquante ou soixante pieds, lourdement chargé d'une armure, braver les projectiles et les aërolithes de toute espèce que lancaient vos adversaires, franchir le parapet d'un rempart, sous une grêle de coups de lances, de flèches ou de masses d'armes, demandaient un courage au moins égal à celui des braves soldats de notre temps. Tout le monde cependant fit vaillamment son devoir; Mygnotte, avec une force suprême, alla planter l'échelle sous la façade principale du manoir, et le premier s'élança l'épée haute, suivi d'un guerrier sur chaque échelon. Vingt autres chevaliers suivirent cet exemple, et bientôt le combat fut pour ainsi dire transporté dans les airs. Le sang ruisselait le long des murs ; les défenseurs de Chîtré, abrités derrière leurs étroites embrasures, étaient presque assurés de leurs coups. Mygnotte au sommet de son frêle support frappait de son épée, arrachait les pierres et formait le vide autour de lui; il s'était cramponné d'une main au couronnement de la muraille sur laquelle il avait fini par se placer, et là, debout, comme l'ange de la destruction, il exterminait tout ce qui l'approchait. Beaucoup d'autres assaillants s'efforçaient d'imiter ce courageux exemple, quand tout d'un coup, le mur, sapé à l'intérieur par les soldats de Chîtré, craqua, s'ébranla et disparut dans des flots de poussière, entraînant avec lui les échelles, les guerriers et mêlant, au milieu d'une immense clameur, les cris des vainqueurs et des vaincus.

Pendant que cette terrible scène se passait dans la partie sud de Chîtré, Louis d'Appel-Voisin, égoïste comme presque tous les amoureux, s'était séparé de ses frères d'armes et, au risque de compromettre sa cause et ceux qui la soutenaient de leur courage, cherchait à pénétrer, par les ouvertures de l'est, dans l'intérieur du manoir. Mieux que personne, il connaissait la partie faible du château : il put donc se glisser, sans attirer l'attention, au fond du fossé, garni de ronces et de broussailles, qui défendait cette partie des remparts, et déplaçant quelques grosses pierres couvertes de mousse et de végétation, découvrir une sorte de soupirail par lequel il s'introduisit sans hésiter. Il était dans l'intérieur de Chitré, mais il était perdu si on venait à l'apercevoir. Ce fut donc avec les plus grandes précautions qu'il avança dans l'ombre, prêtant l'oreille et hâtant le pas lorsqu'il s'était assuré qu'il n'avait personne autour de lui ; il franchit ainsi d'étroits escaliers, des couloirs entre deux murs où il y avait à peine assez d'espace pour son passage, quand tout-à-coup il s'arrêta comme s'il eût été frappé par la baguette d'une fée ; son cœur battait avec violence, un frisson parcourut ses veines et le força à s'appuyer contre le mur : c'est qu'il lui semblait avoir entendu une voix de femme bien connue et les cris de Louis, Louis, au secours !

Cette vive émotion ne dura pourtant que quelques secondes. Le bruit du combat arrivait jusqu'à lui et une clameur plus intense que les autres, lui révéla qu'il se passait en ce moment, entre les assiégeants et les assiégés, quelque crise extraordinaire. Le jeune homme, se trouvait alors auprès d'une petite croisée donnant sur une cour intérieure ; il venait d'y fixer ses regards, lorsqu'il aperçut la fiancée de son cœur, Pierrette Mygnotte, traversant cette cour en fuyant, poursuivie par un homme couvert de sang, dans lequel il crut reconnaître son oncle. Pousser un cri terrible au risque de se perdre, se précipiter sur leurs traces, fut l'affaire d'un moment. En voyant son tuteur prêt à lui échapper, Louis ne put retenir sa colère, il l'appela, le provoquant de paroles qui auraient soulevé un mort. Le vieux soudard se retourna un instant, appela ses hommes d'armes, mais ne s'arrêta pas. Louis le suivait de près, il pénétra, presque avec lui, dans une salle basse du château de Chîtré ; lorsqu'il en franchit le seuil, Pierrette était à genoux, suppliante; il vola à son secours. Ce fut avec deux cris de rage que ces deux hommes se précipitèrent l'un sur l'autre, l'épée et le poignard à la main. Le combat était à peine engagé, que les défenseurs du château se jetaient sur Louis, et il allait succomber, quand des murs restés sans défense, s'élancèrent à leur tour les amis d'Appel-Voisin. Un combat court mais terrible s'ensuivit ; les soldats du chevalier félon furent vaincus ; lui-même, reçut un horrible coup d'épée qui lui traversa la poitrine. Il tomba, vomissant d'horribles blasphêmes avec des torrents de sang, et au moment où il se relevait sur les genoux par un suprême effort, les combattants virent avec horreur un effroyable serpent, qui s'échappa de sa bouche, en déroulant ses anneaux hideux. Le reptile poussa un sifflement prolongé qui les glaça d'épouvante et disparut par une meurtrière qui donnait sur les fossés du château........

Ici, mon paysan poitevin dont la langue pâteuse

avait peine à continuer son récit, appuya ses deux coudes sur la table et posa sa tête de fouine sur cet oreiller improvisé. Il avait fini de souper et il venait de vider le dernier verre de sa troisième bouteille. Jusques-là, il semblait qu'il eût besoin de remplir le vide que causaient en lui les paroles de son récit; l'histoire, comme le vin, avaient coulé de source ; mais un ronflement sonore m'annonça bientôt qu'il croyait s'être suffisamment acquitté de ses devoirs d'hôte et d'historien. De bouteilles en bouteilles, ou d'*honnêtetés* en *honnêtetés,* pour parler son langage, il était arrivé à un état assez peu honnête ; je le secouai rudement, sans respect pour son sommeil : et que devint Louis d'Appel-Voisin, lui dis-je ?

Il souleva péniblement la tête, me regarda avec des yeux ternes et balbutia péniblement ces mots : dans la fosse aux serpents.......

— Comment, m'écriai-je, dans la fosse aux serpents ! mais malheureux ! C'est de son oncle que vous voulez parler.

— Ah ! Oui, notre monsieur, eh bien, il se....maria ......et.......

Il me fut impossible d'en tirer autre chose ; mon homme retomba sur la table, envahi par l'ivresse. Nous renvoyons donc les lecteurs qui désireraient en savoir un peu plus, à notre conteur de la Carpe-Frite, où ils le trouveront probablement encore, mais peut-être dans le même état..........., faut pas mentir !

II.

LE TRÉSOR DE M. LEDOUX.

> « To have seen much,
> « And to have nothing,
> « Is to have rich eyes,
> « And poor hands. »
> (As you like it — Shakspeare).

I.

La rivière de la Vienne n'est pas précisément une rivière comme une autre. En France, beaucoup de cours d'eau sont fort éloignés de la mer, et, par conséquent, ne reçoivent pas de l'Océan ou de la Méditerranée les espèces de poissons, moitié marins, moitié d'eau douce, qui remontent pour chercher leur nourriture. Quelques-uns ont des eaux trop froides, d'autres sont sillonnés d'écluses et de barrages, qui tourmentent les habitants des eaux, et les tiennent renfermés dans d'étroites limites.

La Vienne est bien un peu dans ce dernier cas ; mais, excepté le barrage de Châtellerault, qui, par la raison d'état, s'oppose aux migrations de l'espèce aquatique, le cours de cette rivière, en amont, n'offre pas de grands obstacles à leurs voyages. Les barrages en pierre sèche laissent assez d'espace pour qu'ils puissent en profiter. L'État n'a pas d'ailleurs dépossédé encore les propriétaires de leur droit de pêche, pour mettre en adjudication cette jouissance, fort peu productive pour le trésor, et cela sous prétexte de flottaison ou de navigation. Il en résulte que les propriétaires pêchent fort peu ; le poisson vit tranquille, et grossit sans que des fermiers affamés viennent lui donner une chasse incessante. Il y a dans la Vienne des carpes centenaires..... Heureux, l'hameçon habile qui sait le secret de les séduire !

Je descendais les bords de cette rivière, il y a deux ans, et je cherchais à me rendre compte, entre Bonneuil-Matours et Bellefonds, des retraites où le poisson devait se tenir de préférence. Hérissée de rochers dans cette partie de son cours, la Vienne ouvre un large champ d'observations au pêcheur intelligent, qui doit étudier à l'avance les postes d'opérations, et les endroits où il veut amorcer. Il faisait une chaude journée d'automne, les nuages étaient lourds et chargés d'électricité, un véritable temps d'amateur, lorsqu'à la hauteur de St-Marc, je fus assailli à l'improviste par un violent orage, accompagné de larges et lourdes ondées. La vue du ciel, devenu gris et opaque, me força à songer sérieusement à la retraite. Je me dirigeais vers Bonneuil-Matours, lorsque je rencontrai sur la route le propriétaire du château de Crémeaux, abrité sous un parapluie qui le préservait assez mal des raffales humides qui balayaient la terre. Je le connaissais un peu; nous nous saluâmes, et quand je lui eus dit ma mésaventure, je ne pus résister à sa bienveillante invitation. Nous nous dirigeâmes donc vers le toit où l'on voulait bien m'offrir l'hospitalité.

Ce propriétaire est ami des beaux-arts et de la littérature; on peut causer avec lui. Le temps se passa donc assez vite : mais lorsqu'après le dîner, la nuit venue, l'orage continua avec violence, je dus, pour ne pas abuser de son obligeance, songer à la retraite. On ne l'entendait pas ainsi; nous avions déjà conté quelques histoires. — Tenez, me dit mon hôte, voyez le temps, vous ne sauriez partir; quant à aller chercher un gîte dans le village, vous serez tout aussi bien chez moi. Vous m'avez parlé de l'un des précédents propriétaires de ce château, M. Ledoux; il m'est arrivé dernièrement quelque chose qui se rattache à sa vie aventureuse. Voilà des cigares, du vin de bordeaux; on nous servira du thé tout-à-l'heure. Restez, et je vous raconterai mon histoire....... après tout, on ne saurait pêcher en ce moment.

Vous comprenez, ami lecteur, que je ne résistai pas à ces propositions attrayantes. Je m'étendis donc dans un bon fauteuil, j'allumai un cigare de la Havane, et j'écoutai le récit suivant. Puisse-t-il, dans des conditions différentes, conserver l'intérêt que je lui trouvai...... à vous qui venez de tourner cette page, de lire et de juger.

II.

Je venais, me dit mon hôte, d'acheter l'habitation où nous nous trouvons ; elle était dans un tel état d'abandon, que mes premiers soins avaient dû se porter sur des réparations indispensables. A peine, durant les heures que je venais y passer, avais-je trouvé l'instant de voir très-rapidement les dépendances. Je ne connaissais ni la propriété, ni la population qui m'entourait. Un jour que, fatigué du bruit et de la poussière produite par de nombreux ouvriers, j'étais allé chercher un peu d'ombre et de repos dans le voisinage, j'aperçus, à demi-couché au pied d'un chêne, dans le bois qui avoisine la rivière, un jeune homme qui paraissait absorbé dans une occupation qui devait mettre en mouvement toutes les fonctions de son esprit. Un livre ouvert gisait auprès de lui, mais il en avait abandonné la lecture pour écrire sur un petit cahier de papier des lignes difficiles à éclore, à en juger par le temps qu'il y mettait, et les gestes dont il entremêlait son travail. Sa main, armée d'un crayon, s'enfonçait parfois dans une chevelure noire, abondante et naturellement frisée, et s'appuyait fortement sur le front, comme pour y couver une idée; ses yeux se fermaient, et sa tête se penchait sur sa poitrine, dans une profonde absorption de la pensée, ou elle se relevait vivement vers le ciel avec un demi-sourire, et se tournait vers les scintillements du soleil dans le feuillage, paillettes d'or qui venaient se jouer en tombant jusqu'à ses pieds. Cette étrange apparition m'arrêta. Avais-je affaire à un fou; étais-je par hasard tombé sur un poëte au gîte? L'aspect du jeune homme rendait la question difficile à résoudre. Rien dans son costume ne révélait précisément l'aberration d'esprit; il était négligé, moitié ville, moitié campagne, un peu en désordre, mais cependant décent. Sa physionomie pâle, fatiguée, aurait peut-être mieux répondu à mes conjectures, mais est-il rien de plus trompeur que la physionomie des hommes? Dieu révèle rarement ce qu'il met dans le vase. Socrate et St-Vincent-de-Paule, n'étaient-ils pas fort laids? D'ailleurs, si la figure semblait souffrante, elle accusait aussi l'intelligence;

les yeux étaient beaux, la bouche finement dessinée. Une petite moustache brune n'en cachait pas les contours; et au mouvement des lèvres et des narines, on devinait dans cette tête, du dédain, de la passion, les tristes habitudes de la douleur.

A bout d'observations et de suppositions, j'eus l'indiscrétion de m'avancer de manière à ce qu'il fut impossible de ne pas me voir. Mon inconnu parut assez contrarié de cette rencontre, cependant il ne bougea pas, dans la pensée, sans doute, que j'allais continuer ma promenade. Quand il s'aperçut que je m'étais arrêté auprès de lui, il se leva, ramassa son livre sur lequel j'avais eu le temps de jeter les yeux, et me rendant très-froidement mon salut, il se disposait à partir, lorsque je pris la parole, animé de cette sotte curiosité qui nous mêle si souvent aux affaires des autres, et dont la seule excuse, qui n'existe jamais, serait l'intérêt du prochain.

— Pardon, Monsieur, lui dis-je, je suis indiscret, et je serais au désespoir de vous faire partir; mon bois ne reçoit pas tous les jours la visite d'un ami des muses, quoiqu'à vrai dire, l'Ane d'or d'Apulée, que vous lisez, ne soit pas de la poésie bien pure.

Mon jeune homme me regarda, rougit un peu, et finit par me dire, avec une voix douce et grave.

— Je n'avais pas l'honneur de vous connaître, je

vous en fais mes excuses..... Apulée, Monsieur, ne vaut pas Horace, mais ce dernier était un courtisan et un sybarite ; l'autre a été bien hardi, c'est le Rabelais de son temps.

— Et vous le traduisez, sans doute ?

— Non, Monsieur, je l'entends, voilà tout. Ce que vous m'avez surpris à écrire, hélas ! ce sont mes propres rimes, un peu d'eau murmurante, de verdure et d'ombre, ce que tout le monde peut sentir.

Je tendis la main. Mon jeune homme, sans dire un mot, me remit son cahier. Je conçus dans le moment un vif intérêt pour ce poëte modeste qui, sans préambule, sans précautions oratoires, confiait ainsi à un étranger, les secrets de son âme et de sa vie. Il y avait là une abnégation touchante, ou un orgueil bien audacieux.

Voici les vers que je lus sur la dernière page :

LE RUISSEAU.

Dans un étroit vallon, caché sous la ramée,
Coule un petit ruisseau ;
Sa source est une perle en la mousse égarée,
Qui distille son eau.

Enfant, le jeu lui plaît, en caressant les rives,
Il baigne chaque fleur ;

Son cristal reproduit leurs couleurs les plus vives,
  Car l'amour est flatteur.

Au ramier solitaire, au rossignol timide,
  Il offre son miroir;
Et durant le printemps, sur son rivage humide,
  Les geais viennent se voir.

Au berger fatigué, son tendre et doux murmure,
  Semble un divin concert;
Les troupeaux altérés cherchent son onde pure,
  Son manteau toujours vert.

Quand l'air vient à frémir en agitant sa course,
  Il rend de doux accords;
Le saule qui se penche au-dessus de la source,
  Aime à suivre ses bords.

Et moi, lorsque couché sur son humble rivage,
  Je rêve d'avenir;
Son courant éternel, me présente l'image,
  Des jours que j'ai vus fuir.

Mon cœur me dit alors, qu'oubliant sa chimère,
  Il doit finir d'aimer;
Pauvre cœur exilé sur cette ingrate terre,
  Où tout est passager.

Mais trop longtemps encore, il faut suivre la route,
  Par le sort condamné;
Pour venir au moment que tout être redoute,
  Feuille à feuille emporté!

Je rendis le manuscrit avec le compliment qu'on

doit à tout auteur qui vous communique ses œuvres.

— Voilà qui est loin de votre Africain (1), lui dis-je, vous êtes de l'école de Lamartine, un poëte rêveur, qui, en face de la nature, n'a trouvé sur sa palette que des teintes grises et sombres pour peindre ses joies comme ses douleurs. A côté de ces tableaux harmonieux mais uniformes, n'y a-t-il donc pas aussi les objets que colore un lumineux rayon de soleil ?

Le jeune homme soupira, et après un instant de silence : — peut-être avez-vous raison, reprit-il, mais il ne dépend pas de moi de chanter comme le pinçon ou la fauvette aux premiers jours radieux du printemps. J'ai vingt-quatre ans, monsieur; je suis vieux, non pas d'âge, mais de souffrance, ma vie est lourde et aride pour moi et pour les autres. Le soleil dont vous parlez, ne me donne plus ni rayon ni chaleur. Au fond de ces campagnes éloignées, dans ces sites sauvages, j'essaie des vers, comme on saisit la coupe enivrante dans un festin où l'on veut s'étourdir, mais le réveil, oh ! le réveil est affreux ! Et si Dieu n'était pas, qui m'a donné une âme, pure émanation du ciel, et dont la sanglante hostie m'a appris à souffrir, j'en aurais fini avec la vie, avec les illusions, avec ce mirage trompeur qui me montre une source

---

(1) L. Apulée, né à Madaure, Afrique, passait pour un nécromancien.

pure, où mes lèvres altérées ne doivent jamais se rafraîchir.........

Ce n'était plus un poëte qui me parlait, ce n'était pas tout-à-fait un fou, mais bien un de ces malheureux à l'aile brisée, ainsi qu'il y en a tant dans notre morbide société du XIXme siècle. A ces pauvres enfants, victimes d'un courant dont ils n'ont pas la force de remonter la source, les consolations banales sont insuffisantes, ce qu'il leur faut, c'est la condescendance à leurs faiblesses, une main amie venant essuyer leurs pleurs. Je pris sans dire un mot mon inconnu sous le bras, et je l'emmenai doucement avec moi sous prétexte de lui faire visiter ma bibliothèque, et d'ailleurs chemin faisant, j'eus soin de cueillir quelques roses et d'en jeter les feuilles à ses pieds, absolument comme s'il se fût agi d'une de ces femmes coquettes et naïves, telles que la société en offre si souvent.

Après une heure passée ensemble, heure de bonne causerie littéraire, mon triste prédestiné revenait à la vie. Je lui demandai son histoire. En peu de mots voici ce qu'il me dit :

Je me nomme Charles P...., mon père est un cultivateur du voisinage, il jouit de quelque aisance et nous ne sommes que deux enfants. Ma sœur, mon aînée, est une bonne et douce fille, dont l'éducation est toute de cœur. Son horizon ne s'étend pas au-delà de nos champs. Malheureusement mon père rêva pour moi une autre existence ; je fis mes études et lorsqu'elles furent terminées, l'amour propre paternel voulut tailler en moi un avocat ou un docteur. Mon caractère triste et rêveur m'éloignait du barreau ; je partis pour Paris avec mission d'y étudier la médecine. C'est un terrain glissant que celui de la grande ville, pour un enfant des champs qui n'a pas encore hérité de l'astuce et de la prudence forcée de nos paysans. Je fis ce que font tant d'autres, c'est-à-dire que je ne fis rien. A cette vie d'entraînement et de faiblesses, il faut des ressources que n'absorberait pas le travail. Deux ans s'écoulèrent sans résultat pour mon avenir, mais non sans que mon père ne s'épuisât dans les sacrifices qu'il s'imposait pour satisfaire à mes folies. Sa bonté finit par se lasser. Un jour il me signifia qu'il cessait d'encourager mes désordres. Je revins au pays. Mais comment vivre en paysan, après avoir trempé mes lèvres à la coupe enivrante des plaisirs de Paris ? Je n'étais plus propre à rien, j'avais mangé la dot de ma sœur, pauvre chère enfant ! et je n'aurais même pas pu la remplacer dans son humble travail quotidien. On me méprisait et on avait raison ; j'en acquis bientôt la triste expérience. Un riche industriel du voisinage, parti comme moi des rangs du peuple, avait une fille unique, l'amie de ma sœur ; je la vis, je l'aimai : elle partagea mes sentiments, entraînée peut-être par ce vernis trompeur qui fait briller ce qu'il y a de moins sérieux en nous. Je crus pouvoir la demander à son père. C'est alors que je commençai à me réveiller de mon long sommeil; en homme froid et positif il me refusa. Que faire, monsieur? Je retournai à Paris cherchant à vivre, c'est le mot, en m'occupant de littérature. Ah! Champfort avait bien raison de le dire: si c'est un charmant superflu, c'est un horrible nécessaire. Je ne vous raconterai pas toutes mes misères, elles ne sont que trop ordinaires. Durant une année de luttes désespérées, j'ai desséché mon cœur et mon esprit et usé en moi tout ce qu'il y avait de sève. Une maladie de mon père m'a fait revenir il y a un mois; et je sens, quoiqu'il ne me le dise pas, en présence de cette vie forte et laborieuse qu'il va reprendre, que je volerai le pain que je partagerai avec lui. Je serais déjà retourné, Dieu sait où, car je n'ai pas même de ressources pour faire un voyage, sans une découverte que j'ai faite il y a longtemps dans votre propriété et que j'espérais pouvoir poursuivre si vous ne vous en étiez pas rendu inopinément acquéreur.

— Ce que vous contez là est triste, dis-je à mon jeune homme, en voyant qu'il s'arrêtait; mais en quoi, je vous prie, cette habitation peut-elle exciter votre intérêt?

— Il faudrait reprendre les choses de plus haut, puis vous me considéreriez comme un fou et vous ririez à mes dépens.

— Rassurez-vous ; ce que vous me dites ne m'en donne nulle envie.

— C'est qu'il y a là tout mon avenir, une question de vie ou de mort.... Promettez-moi, monsieur, que ceci ne sera jamais révélé !... Vous êtes bon, je m'en rapporte à vous pour le reste.

— Allons donc, dis-je avec impatience.

— Charles P... se leva et s'appuya contre une des armoires de la bibliothèque. Le jour commençait à tomber, c'était l'heure où les fantômes de notre imagination volent dans l'air; il me prit la main, la serra avec une certaine énergie et d'une voix basse et accentuée, il me jeta rapidement ces paroles : cette maison renferme un trésor !

A cette révélation inattendue, je ne pus retenir un éclat de rire qui sembla terriblement froisser mon jeune poëte. Mais il attendit patiemment que j'eus fini et alors, venant s'asseoir à mes côtés : écoutez-moi, dit-il, ensuite vous me jugerez.

Les terres de Crémault et Traversais furent érigées en comté par Louis XIV. C'étaient alors de beaux et vastes domaines qui arrivèrent, lors de la révolution, aux mains de Mme la marquise d'Argicourt, née de Montbel, une parente du cardinal de la Fare.....

— Je l'ai connu, interrompis-je. Pauvre vieux prélat ! c'était un digne homme, ils sont rares aussi bons et aussi distingués que lui.....

— Cette terre, reprit mon conteur, après la mort de Mme d'Argicourt, fut vendue par la famille de Poix et Duverdier à M. Ledoux, qui avait été autrefois dans le barreau, mais qui à cette époque avait, je crois, renoncé à cette carrière. M. Ledoux n'était pas agriculteur: il aimait le monde, le jeu, la dépense et son intention n'était pas de se renfermer en ermite à la campagne. Depuis longtemps il avait contracté l'habitude d'aller passer à Paris une partie de l'hiver ; il y était attiré par les maisons de jeu, fort communes à cette époque. On conte sur les chances qui le suivirent dans cette lutte avec la fortune, des histoires extraordinaires, mais nous n'avons pas à les reproduire ici, il suffira de vous rapporter deux faits qui se lient essentiellement avec ce qu'il me reste à vous dire.

Poursuivant une martingale heureuse, M. Ledoux gagna une fois au n° 113 du Palais-Royal, 110,000 fr. Il fit trois jours de suite ce qu'on appelle sauter la banque, et ce fut à dater de cette époque que les maisons de jeu fixèrent le maximum des pontes à 10,000 fr. Il est vrai qu'on renouvelait ce capital indéfiniment.

Rarement les joueurs sont propriétaires ; celui-ci

faisait exception, aussi tenait-il à réaliser des bénéfices. Assez embarrassé de la somme qu'il venait de recevoir de la roulette et dont la plus grande partie était en argent, M. Ledoux se décida à emporter à Crémault ce capital fortuit. Froid et calculateur, il comprit qu'il devait révéler le moins possible sa bonne fortune et pour que personne n'en eût le soupçon. il acheta un cabriolet de poste. chargea lui-même son numéraire dans les coffres de la voiture et prit la poste, assis sur son trésor. En arrivant à Poitiers, il trahit cependant son secret. Le soir en descendant de sa chambre, le cabriolet au lieu d'être remisé, lui apparut au milieu de la cour; des figures suspectes l'entouraient. M. Ledoux fit venir le maître d'hôtel, M. Courtault, et le prenant à part, il lui déclara ce que contenait sa voiture, le rendant responsable des détournements qui pourraient s'opérer pendant la nuit. C'est ainsi que l'on sût ce qu'il rapportait, car jamais il ne s'en ouvrit à aucun des siens.

Peu de jours après, le propriétaire de Crémault avait résolu d'employer une portion de ce capital à exécuter des constructions et des embellissements au château. Quoiqu'il s'entendit en bâtisse, il crut devoir consulter un architecte de Poitiers. Le devis montait à 60,000 fr. et les réglements de compte ne dépassèrent ce chiffre que d'une somme fort minime. Je tenais ces détails de mon père, qui les avait entendu souvent raconter à l'architecte dont M. Ledoux s'était servi.

Il restait toutes dépenses payées 50,000 fr., M. Ledoux en préleva dix, qu'il enferma dans son secrétaire et il chercha dans sa pensée le moyen de soustraire le reste à la convoitise du prochain. Un joueur ne place pas son argent, il peut en avoir besoin tous les jours ; cependant il fallait dissimuler la possession de cette somme, qui formait une masse assez volumineuse. L'idée lui vint de la cacher dans ses nouvelles constructions et ce fut lorsqu'il eut réussi à l'ensevelir dans un endroit qu'il considérait comme introuvable pour tout autre que pour lui, qu'il fit poser sur une des cheminées du château, une statue de Mercure, avec cette devise que vous avez lue sans doute : *Ah! je respire!*

La fortune du joueur subit pendant les quelques années qui suivirent des alternatives de hausse et de baisse, assez communes dans leur existence. Il vendit alors en détail pour plus de cent mille francs de biens, ce qui doit faire présumer, de ces deux choses l'une, ou qu'il avait épuisé son trésor, ou qu'il le conservait intact pour l'avenir.

Mais cette dernière supposition semble la plus probable, en voici la raison. Deux ans avant sa mort, M. Ledoux retrouvait une veine heureuse et il rapportait de nouveau à Crémault une somme de 80,000 fr.

Cet argent disparut sans que rien en révélât l'emploi. On peut présumer avec quelque probabilité qu'il alla rejoindre dans la cachette du joueur les 40,000 fr. qu'il y avait mis précédemment.

Il y a donc tout lieu de croire, monsieur, que votre habitation renferme un trésor d'au moins 120,000 fr.

Maintenant vous allez me demander comment je suis arrivé à suivre les traces des dépôts de M. Ledoux, en voici l'explication.

Après sa mort qui eut lieu loin des siens et d'une manière inattendue, la propriété passa en d'autres mains. Elle fut longtemps abandonnée et chacun put l'exploiter à son aise. Élevé dans le voisinage, j'y venais presque tous les jours durant les vacances. D'un caractère triste, d'un esprit ardent, mes goûts me portaient vers les études mystérieuses des écrivains qui se sont occupés des sciences occultes. Vous avez vu tout à-l'heure, que je lisais encore, à l'âge où bien des illusions sont déjà perdues, l'Ane d'or d'Apulée, un nécromancien, dont on a osé, dans son temps, comparer les miracles à ceux de Jésus-Christ. Au récit que m'avaient fait plusieurs personnes des choses qui précèdent, ma pensée se porta avec obstination sur les indices que le joueur avait dûs laisser en enfouissant son trésor. Durant bien des journées, j'explorai inutilement l'intérieur du château, enfin un jour un signe extraordinaire, gravé sur une pierre, fixa mon attention. J'avais déjà vu ce signe, je le retrouvai encore une fois ; sa conformation semblait indiquer une direction : l'un des côtés de l'angle qui le formait, s'alongeait ici, là-bas se baissait, et le hasard seul n'avait pu lui donner de semblables rapports. J'étudiai la figure placée sur la cheminée et je vis que la direction de son caducée ou de son trident concordait avec celle des signes que j'avais relevés. Arrivé à ce point d'observation, il me fut impossible d'aller plus loin, les vacances s'écoulèrent et je me vis obligé de remettre à l'année suivante la suite de recherches qui m'inspiraient l'intérêt le plus ardent.

Avec le mois d'août revinrent les journées de rêveries et de loisir. Cette fois j'employai mes vacances à m'efforcer d'avoir le mot de l'énigme qui me tourmentait. Ce fut alors que je découvris une autre inscription, placée au haut d'une cheminée du côté de la Vienne ; cette inscription est ainsi conçue :

« Non alter lætior. J. B. Led. L. C. E. 18.. »

La traduction littérale était bien encore une preuve, M. Ledoux avouait son bonheur au jeu, mais je ne m'arrêtai pas à cette confirmation de mes premiers renseignements, il me fallait une indication plus précise, quelque chose qui pût me guider dans mes recherches; après bien des reflexions et des tâtonnements, j'imaginai de chercher dans cette inscription une assurance plus positive, et voici ce que je trouvai :

Chacune des lettres de la devise ci-dessus pouvait servir d'initiales à un mot différent. Je les écrivis donc ainsi :

N. O. N. A. L. T. E. R. L. Æ. T. I. O. R. J. B. L. E. D. L. C. E. 18.....

et donnant à chacune de ces majuscules l'initiative d'un mot, mes combinaisons m'amenèrent au résultat suivant : « Notre Ouverture N'A Laissé » Trace, Elle Renferme Les Trésors Inclus, On » Retrouvera Ici Beaucoup, L'argent et de » L'or Cachés En 18...... »

Pour ne pas me laisser entrainer par mes illusions, j'essayai de combinaisons différentes ; elles amenèrent toutes le même aveu. En me servant des lettres qui composaient la devise, je formai par exemple les mots suivants :

« J'ai la en terre l'or, on le découvrira. »

Que vous dirais-je, monsieur ? De longues journées, des nuits entières, consacrées à la poursuite de cette idée, ne firent que lui donner pour moi une réalité plus absolue. J'étais bien persuadé que s'il m'avait été permis de faire des fouilles, je serais parvenu à la découverte du trésor, mais en l'absence du propriétaire, le vieux garde qui habitait le château ne pouvait m'en donner l'autorisation. D'un autre côté, m'ouvrir au régisseur, c'était employer un moyen douteux ; prendrait-il sur lui de souffrir le travail des maçons, ne me traiterait-il pas de visionnaire, et dans le cas même où il accéderait à mes désirs, ne devais-je pas supposer qu'il réserverait pour son mandataire la plus grande partie du trésor ? Ces considérations, la fin de mes études, mon départ pour Paris, ajournèrent à plusieurs années mes projets d'exploration. J'y avais presque renoncé, lorsque le malheur est venu de nouveau faire luire cette espérance ; il fallait cependant votre accueil plein de bonté et l'intérêt que vous avez daigné me témoigner, pour m'enhardir à vous révéler ma pensée. Dans ces contrées, on me traite de fou et de fainéant, quoique jamais je n'aie communiqué à personne ce que je viens de vous dire ; mais il suffit, pour attirer sur moi ces épithètes peu flatteuses, qu'on me voie gesticuler seul et écrire et que je ne consacre pas mon temps à ces calculs étroits et mercantiles qui absorbent nos paysans et nos bourgeois. Aujourd'hui, je vous l'ai dit, il ne me reste plus que cette fragile espérance ; si vous la repoussez, comme mon père me repousse de chez lui, il faut que je parte, dussé-je mendier mon pain...... j'irai...... Où irai-je, mon Dieu ! pour vivre sans déshonneur !...... Tenez, monsieur, si ce n'étaient quelques croyances religieuses qui me restent de l'éducation maternelle, j'en finirais immédiatément avec l'existence...... pour des êtres comme moi, il n'y a plus de place dans une société où tout est au plus fort......

Le jeune homme prononça ces derniers mots avec une profonde tristesse. Je voyais dans cet esprit, un immense découragement à côté d'idées exaltées et de chimériques espérances : je voulus essayer de le replacer dans la voie de la raison et de la réalité, et je pris la parole à mon tour.

— Vous paraphrasez, lui dis-je, ces vers de Gilbert, votre maître en poésie :

Au banquet de la vie, infortuné convive...... Mais il est mort fou et à l'hôpital et c'est un exemple qu'il ne faut pas suivre. Voyons, mon jeune ami, sortons de l'idéal et du découragement; vous m'avez remercié de l'intérêt que je vous témoignais, laissez-moi mériter véritablement votre gratitude. Je vais vous parler en père; mon âge m'en donne le droit; mais en père qui comprend qu'après vous avoir jetté dans le monde de la pensée, vous ne sauriez retourner à la vie matérielle, à cette vie utile et honorable du travailleur. C'est une triste chose aujourd'hui que cet entraînement de toutes les classes, qui vivaient jadis du labeur de leurs mains, vers les occupations intellectuelles auxquelles nous initient les études classiques. Là, où bien des hommes avaient l'assurance d'un honorable pain quotidien, leurs enfants prodigues, entraînés dans une autre sphère, ne recueillent souvent que la misère et le désespoir. Nous aspirons vers le ciel, c'est dans notre nature, mais le bonheur est-il toujours le partage de ceux qui savent et qui possèdent plus que les autres ? J'en doute et les livres saints avec moi. Quelques-uns arrivent, ce sont les seuls qui servent d'exemple, combien d'autres, en révolte contre l'injustice des hommes, contre les vices de la société, leur deviennent à charge ainsi qu'à eux-mêmes. Alors, comme vous, ils maudissent leur destinée, ils détestent leur sort, ils veulent en finir avec la vie..... cela n'est ni courageux, ni chrétien. Je suis tout disposé à vous aider à sortir de la fâcheuse position où vous êtes placé, mais écoutez-moi bien, c'est à des conditions qu'il n'est pas facile de remplir et sans l'accomplissement desquelles cependant, je ne saurais avoir pour vous qu'une stérile commisération.

Voici la première : Vous recommencerez vos études médicales et vous les pousserez jusqu'au doctorat. Il y a là une carrière honorable, utile, qui peut satisfaire également l'ambition et l'humanité.

Puis, vous renoncerez à rêver au trésor chimérique de M. Ledoux.

Enfin, vous vous engagerez d'honneur à ne plus cultiver la poésie; vos instants sont précieux, et il ne faut pas laisser égarer son esprit au milieu des lilas et des roses, lorsqu'on a besoin de toute son energie pour l'apppliquer à des études sérieuses, quelquefois repoussantes, sans lesquelles cependant il est impossible de parvenir.

Vous m'avez entendu ; à vous de me dire maintenant si nous sommes d'accord ?

Il réfléchit un instant, et saisissant ma main égarée dans un geste d'entraînement : Merci, monsieur, merci, me dit-il, j'accepte votre bienveillante intervention. Mais pourquoi me faire renoncer aux seules illusions qui me restent encore ? La poésie, c'est une sœur aînée qui me console; le trésor, n'est-ce pas mon avenir ?

— Non, non, repris-je ; croyez-moi, vous vous égarez dans des nuages qui portent la tempête. Aux blessés qui se rattachent à la vie, il faut souvent faire subir des opérations douloureuses. Séparez-vous avec courage de ces trompeuses promesses qui vous attirent comme les sirènes antiques et vous perdent avec elles. Plus tard en ce qui concerne vos inductions avec M. Ledoux, nous verrons; l'intérêt que je vous porte, je le place *sur ce capital*, mais ce qu'il faut à présent avant tout, c'est l'abdication de vos rêves stériles, de vos idées ambitieuses, c'est un travail sérieux et suivi. Vous m'avez communiqué des vers, à mon tour laissez-moi vous citer ce vieux lay d'un poëte inconnu; on n'a pas toujours, en ce siècle, autant de raison et de naïveté :

La grandeur humaine
Est une ombre vaine,
Qui fuit :

Une âme mondaine
A perte d'haleine,
La suit :

Et pour cette reine,
Trop souvent se gêne
Sans fruit.

III.

Un domestique, chargé d'un plateau de thé, vint suspendre le récit que j'écoutais dans une douce quiétude, qui tenait peut-être autant au bruit de l'orage que j'entendais continuer, qu'à l'intérêt qu'il pouvait avoir. Nous remplîmes, mon hôte et moi, nos tasses de l'infusion bouillante; j'y ajoutai, en amateur indigne que je suis, quelques gouttes de citron et une petite cuillerée de rhum, et tout en dégustant ce mélange très-répandu en Angleterre, je lui demandai la fin de son histoire : — Et que devinrent le jeune homme et le trésor ? lui dis-je.

— Quant au jeune homme, reprit-il, je n'ai pas eu à regretter de m'être intéressé à lui. Son existence et celle du trésor sont encore liées ensemble; mais suivons les faits, si vous le voulez bien, et reprenons-les dans l'ordre qu'ils ont parcourus.

Fort peu de jours après cet entretien, je fus appelé à Paris pour mes affaires. Dans les moments de loisir que leurs négociations me laissaient, je tâchai d'obtenir pour mon pauvre poëte les moyens de continuer ses études médicales, sans bourse délier, comme on dit vulgairement. La chose n'était pas aussi facile que je l'avais supposé d'abord. Partout où je m'adressai, la place se trouvait déjà prise, et d'ailleurs il fallait toujours plus ou moins contribuer aux dépenses de nourriture et d'entretien. Enfin, grâce à l'obligeance de l'un de mes amis, professeur de clinique distingué dans un des grands hospices de Paris, j'obtins les résultats suivants qui n'offraient rien de bien séduisant, ni de bien avantageux. Mon jeune homme entrerait comme interne à l'hospice et serait employé à la pharmacie, et moyennant son travail au laboratoire, il serait logé et nourri. Pour gagner quelque argent, à peine de quoi payer ses inscriptions, il devait se faire infirmier durant la première année, après laquelle sa position deviendrait meilleure et il serait dispensé de ce triste service et rétribué par l'établissement.

Lorsque je revins en Poitou, je craignais fort, je vous l'avoue, que cette malencontreuse situation ne fut pas acceptée. J'écrivis deux mots à Charles P*, il accourut et se soumit sans hésiter à ce qu'elle présentait de misères et de labeur.

Je lui sus gré de cette courageuse résignation et lorsqu'il partit, je le chargeai de plusieurs lettres dans lesquelles je le recommandai vivement à quelques amis.

Huit mois s'écoulèrent ; les meilleurs renseignements me parvinrent sur son compte. Durant cet intervalle, j'avais fait connaissance de la jeune personne qu'il aimait et de son père. Il m'avait été facile de reconnaître que les sentiments qu'il éprouvait pour elle étaient partagés et que si le père s'opposait à leur union, cette résistance ne venait que du manque de fortune ou de position du jeune homme et d'une sage prévision de l'avenir. Un matin, je reçus une lettre de mon professeur de clinique, il me donnait de tristes nouvelles: Charles avait contracté dans sa mission d'infirmier, une maladie grave qui le plaçait aux portes de la mort. Cette lettre me fit une peine extrême ; heureusement j'en reçus une autre, huit jours après, moins affligeante. La jeunesse l'emportait sur la maladie, mais la convalescence serait longue et le malade devrait durant ce temps s'abstenir de tout travail.

Je communiquai ces deux lettres au père de Charles. C'est un digne et brave homme, peut-être un peu intéressé, mais aimant réellement son fils et ne s'étant égaré dans le bonheur qu'il rêvait pour lui, que par un excès d'orgueilleux amour. Des larmes mouillèrent ses paupières; il consentit de grand cœur à le recevoir chez lui et me promit de ne lui adresser aucune de ces paroles, qui, chez certains caractères faibles et doux, empoisonnent la quiétude du foyer domestique.

Pendant les trois mois que le malade passa à la campagne, vous devez supposer qu'il vint souvent me voir. Son caractère me parut modifié, son esprit n'était plus exalté comme autrefois : il était calme, résigné et décidé à continuer sa carrière. Seulement, de lui-même et sans que je lui en dise un mot, il amoindrit son programme et au lieu de viser au doctorat, il avait résolu d'obtenir à son retour le brevet d'officier de santé. Dans cette nouvelle combinaison, n'entrait-il pas la pensée de se rapprocher de celle qu'il aimait ? n'avait-il pas toujours le trésor de M. Ledoux en perspective ? Il ne me dit rien de son amour, mais il eut moins de retenue quant au dernier article. Je ne partageai pas ses convictions et je craignais les conséquences de ces illusions sur un esprit convalescent comme le corps. Une fois pour toutes, je m'en expliquai avec lui et le résultat de cette conversation fut, que je consentirais à autoriser ses recherches, lorsque ses études seraient finies, et qu'il reviendrait armé de son diplôme; jusques-là et sous peine de perdre mon affection, il ne devait plus m'en parler, il devait même s'efforcer de chasser ces hallucinations de son souvenir.

L'époque arriva cependant de tenir ma promesse. Il y a quelques mois, Charles revint heureux et fier; il avait subi ses examens avec un grand succès et dorénavant il était autorisé à exercer, dans toute la France, l'art difficile de guérir, absolument comme ceux qui peuvent ajouter après leur nom, ces deux lettres, D. M., docteur-médecin. La grande affaire était de trouver un poste lucratif, un chef-lieu de canton ou une commune qui ressentissent le besoin de mourir dans les règles. Après quelques recherches et quelques informations, nous trouvâmes ce que nous cherchions, mais il fallait de l'argent pour le premier établissement et ce fut alors que le trésor de M. Ledoux devint nécessaire. Je m'étais engagé, je dus m'exécuter ; un jour fut pris pour cette opération mystérieuse, qui me donnait plus de craintes que d'espérances.

Dès le matin, mon jeune homme était chez moi. Dans son impatience, il aurait voulu commencer ses recherches immédiatement, mais je déclarai brutalement que je ne me sentais pas de force à y prendre part sans avoir déjeûné. A midi, il n'y eut plus moyen de reculer. Armé d'un long cordeau, d'un compas, d'une équerre et d'un plomb, Charles me fit d'abord reconnaître les signes qu'il avait relevés sur les murs extérieurs ; il prolongea l'un des côtés des angles et me fit remarquer, au moyen d'une opération très-simple, qu'ils ne faisaient entre eux qu'une seule et même ligne inclinée vers la terre et venant la rejoindre à un point qu'il indiqua. Prenant ensuite par une opération de trigonométrie que tout le monde connait, la dimension de la statue qui se trouve placée sur le sommet de la cheminée, il en nota avec soin la hauteur. Au moyen de son plomb, Charles prolongea la ligne du trident que tient cette statue et, comme cette ligne n'est pas verticale, il descendit en figure l'autre côté de l'angle et calcula son ouverture au point de section du sol. Lorsque ce travail, auquel j'assistais les mains dans les poches, se trouva terminé, je fus frappé, je l'avoue, de la singulière coïncidence de ces lignes qui toutes venaient se rejoindre au même endroit ; était-ce l'effet du hasard, était-ce aveuglement du calculateur ? La suite devait en décider. En attendant, mon jeune homme triomphait, il me mena avec précaution au pied du mur où venaient aboutir ses opérations, comme s'il eût déjà marché sur d'énivrantes richesses. — C'est là, me dit-il ; la hauteur de la statue nous donne la profondeur où il faut chercher. Cette nuit, vous verrez dans le caveau du nord qu'un signe extérieur répond à ceux que je viens d'interpréter ; seulement, ce signe isolé des autres était sans aucune valeur, c'est une croix grossièrement tracée sur le mur du caveau. Mais nous touchons au dénoûment et je pourrai bientôt vous convaincre que je n'étais ni aveugle, ni insensé.

Minuit arriva trop lentement au gré de notre jeune médecin; son impatience et son exaltation étaient extrêmes, malgré tous mes efforts pour le calmer. Il faisait comme aujourd'hui un temps affreux, le vent d'ouest, accompagné de pluie, fouettait les murs de ce château en longues et plaintives raffales. Lorsque nous nous fûmes assurés que tous les domestiques étaient couchés, nous prîmes un pic, une pelle et une lanterne et nous descendîmes dans nos caves, avec les mêmes précautions que si nous eussions été des voleurs. L'humidité était grande, des gouttes d'eau suintaient des murs, cependant, après quelques recherches, il crut reconnaître sur la muraille le signe qu'il cherchait. Ici une difficulté se présenta : ce signe était à l'angle du fond d'un caveau et le fond du caveau, d'après les mesures qu'il avait prises le matin à l'extérieur, se trouvait éloigné de huit pieds à l'intérieur de l'endroit où l'on devait fouiller. J'étais peu disposé à croire, malgré les opérations auxquelles j'avais assisté dans le jour; cet obstacle me découragea complètement ; je cherchai par quelques raisonnements à faire partager mes doutes et je proposai bravement pour conclusion d'aller nous coucher.

Mais c'était faire de la logique à un sourd. Charles sans m'écouter saisit le pic et, sans respect pour mes murs, se mit avec ardeur à l'ouvrage. Saisi par le froid humide de l'atmosphère, je fus au bout de quelques instants obligé de l'imiter pour ne pas gagner une sciatique: je m'armai donc de la pelle et je travaillai pendant une heure, comme un mauvais manœuvre, à déblayer les pierres et les gravois que l'inspiré faisait rouler autour de lui.

Tout-à-coup une bouffée d'air, plus humide encore, nous frappa au visage ; Charles poussa un cri et la lumière fit entendre un grésillement et s'éteignit.

Je cherchai à tâtons la maudite lanterne, donnant au diable dans mon cœur le jeune homme et son extravagance et bien persuadé qu'il venait de percer les fondations de l'habitation et de pratiquer une ouverture à l'extérieur. Lorsque je l'eus trouvée, je me dirigeai, en suivant les murs, vers l'escalier et je vins rallumer la bougie qui la garnissait. Cette excursion dans mes caves, qui me sembla fort longue et très-sotte, dura à peine quelques minutes. Je redescendis aussitôt et j'arrivai à l'endroit où j'avais laissé mon chercheur de trésor; mais il n'y était plus. Aurait-il donc éprouvé des remords de sa folie, me dis-je, et se serait-il échappé pour éviter mes remontrances et mes railleries? Mon doute ne dura pas longtemps, un coup de pioche vint le faire disparaître. Charles avait percé un mur, mais ce n'était pas celui qui soutenait la façade extérieure de la maison. Son trou donnait dans une autre cave, à moitié remplie de démolitions, dont tout abord avait été condamné ; et sans calculer le danger qu'il bravait de s'asphyxier au milieu d'un air qui ne s'était pas renouvelé depuis longtemps, il s'était précipité comme un lézard par cette ouverture et il travaillait en dedans à l'agrandir, pour me livrer un plus commode passage.

Le jeune homme y allait de si bon cœur que je ne fus pas longtemps à pouvoir le rejoindre. Le caveau qu'il venait de découvrir était en partie voûté; dans un des bouts, la terre avait fait irruption. M. Ledoux, en construisant, avait négligé sans doute cette servitude qui aurait coûté plus de réparations qu'elle ne valait. Il fut facile à Charles de fixer dans sa longueur le point que lui désignaient ses lignes. La statue ayant quatre pieds de haut, il ne lui restait plus qu'à creuser le sol à cette profondeur....... nous touchions au moment décisif.

D'abord ce fut de la terre; ensuite des pierres se présentèrent: mon jeune ami était haletant, ses yeux étaient dilatés, son front couvert de sueur, sa main crispée étreignait avec fureur le manche de sa pioche. Un silence profond régnait dans l'étroit caveau, interrompu seulement par les coups mesurés du travailleur et par quelques échos lointains de l'orage qui continuait avec fureur. Un coup plus sourd que les autres retentit, la pointe du pic s'engagea dans un morceau de bois, Charles se jeta à genoux, saisit la terre avec ses mains et l'écarta avec des mouvements de folle énergie. Assez surpris du résultat, je m'approchai avec la lumière, la figure de Charles était affreusement pâle ; tout son corps était agité d'un tremblement nerveux; il fallut que je lui vinsse en aide pour achever de dégager un coffre en chêne, cerclé de fer et d'environ deux pieds carrés ; ce coffre paraissait en contenir un autre plus petit. Après de longs efforts, nous parvînmes à le sortir entièrement de la fosse, un son argentin se fit entendre. Charles s'affaissa sur lui-même, il venait de s'évanouir.

Le lendemain dans la journée, lorsque le jeune homme ouvrit les yeux, après un long sommeil mêlé de rêves et de délire, il était plus calme. Sa première parole fut pour me demander; ce ne fut qu'après, et même avec quelque hésitation, qu'il s'enquit au domestique qui le soignait, d'un vieux coffre qu'il croyait avoir transporté la veille dans sa chambre. On le lui montra dans un coin, mais il eut assez de caractère pour ne pas témoigner d'impatience et pour attendre ma présence avant que de l'ouvrir. Il se leva, essaya inutilement de me trouver et s'étonna tout haut de mon absence. Lorsque je revins dans la soirée, il courut à moi, me prit les mains et s'écria que ce retard le tuait.—Vous souriez, ajouta-t-il, c'est bon signe. Je gage que vous savez à quoi vous en tenir et que vous vous êtes déjà assuré de *ce qu'il contient,* pendant que je succombais, comme une femme, à ma faiblesse. Qui vous retient, continua-t-il, allons, allons vérifier ce bienheureux trésor !

— Tout-à-l'heure, lui dis-je, on va le descendre et nous procéderons avec calme à son inventaire. J'attends quelques personnes ; allez, je vous prie, quitter votre paletot encore souillé de terre et venez m'aider à les recevoir. Cela vous coûte d'attendre, mais je puis vous assurer que j'agis encore dans votre intérêt.

Il me regarda d'un air de doute pénible, sans cependant oser résister à ma demande. Lorsqu'il descendit quelques minutes après dans le salon, une émotion inattendue vint le saisir.

Sur une table, dans le milieu de la pièce, était le coffre vermoulu ; dans son voisinage se groupaient quatre personnes de sa connaissance : son père, sa sœur, la fiancée de son âme et le père de la jeune personne.

— Avancez Charles, lui dis-je, en voyant qu'il restait cloué par l'étonnement à la porte d'entrée, tous ceux qui sont ici vous aiment et prennent part à votre bonheur. Revenu rapidement de sa surprise, notre jeune homme eut un bon et noble mouvement qui nous toucha jusqu'au cœur. Il courut à son père, se jeta dans ses bras et l'y tint longtemps serré, puis il embrassa sa sœur avec tendresse et se dirigeant avec un peu plus d'hésitation vers le père de son amie :

— Ah! monsieur, s'écria-t-il, ce bonheur ne sera pas complet, si vous ne daignez pas me regarder comme votre enfant, et m'accorder la main de votre fille......

— Visitons d'abord votre trésor, lui répondit l'industriel, en se dirigeant vers la table.

Tout le monde se pencha sur le coffre, en paraissant prendre un vif intérêt à ce qui allait suivre. Charles seul était rempli d'une anxiété sincère. Le précieux coffre s'ouvrit facilement, on en avait brisé les cercles rongés de rouille; le second, beaucoup plus petit, était mieux conservé, mais n'offrit pas cependant grande résistance. Charles l'ouvrit et nos regards tombèrent sur....... trois ou quatre bouteilles fort anciennes et à moitié cassées, que je conserve avec soin pour en faire hommage un jour à mes honorables collègues de la société des antiquaires de l'Ouest.

Vous dire ce qu'exprima la physionomie de Charles P*** est impossible; il devint affreusement pâle, et je vis le moment où il allait être obligé de s'asseoir pour ne pas tomber de faiblesse. Il était temps d'en finir, le pauvre garçon avait reçu une rude leçon qu'il ne devait pas oublier. Je fis un signe au père de la jeune fille, il prit la main de notre pauvre désappointé.

— Ne vous désespérez pas, dit-il; vous vouliez la fortune, vous la demandiez au hasard, vous avez mieux que cela, c'est une noble profession qui vous y *mènera par le travail*. J'ai confiance dans votre avenir, et c'est parce que j'y crois, que je cède à votre désir, et que je vous accorde la main de mon unique enfant, de ma fille bien-aimée....

— Et vous aurez là un véritable trésor, ajoutai-je, en regardant la jeune fille rougissante, qui cependant n'avait pas hésité à placer sa petite main dans celle de Charles. Seulement ce ne sera pas à ce brave M. Ledoux que vous le devrez.

Et voici comment, cher lecteur, au lieu de pêcher une carpe, je pêchai une histoire, puissez-vous lui trouver autant de saveur!

III.

LES BUCHERONS

DE LA FORÊT DE MOULIÈRE.

Ceci est une histoire très-simple, sans fard et sans embellissements.

La scène se passe il y a environ cent ans, chez des bûcherons de la forêt de Moulière.

Dans les classes élevées de la société, le drame est plus fréquent, il est souvent plus terrible; les épisodes se lient à des circonstances qui touchent à beaucoup d'intérêts et qui compromettent souvent la fortune et la position.

Mais lorsqu'il s'offre dans la campagne, sous le toit de chaume, en dehors du savoir-vivre, il ne saurait être que brutal ou touchant.

Qu'on se rassure, nous ne raconterons pas une affaire de cours d'assises.

Et quoique nous allions introduire le lecteur au milieu des bois, nous tâcherons d'être sobre de descriptions. — Madame de Staël a dit : il n'y en a pas qui fassent éprouver la sensation de l'odeur de la pluie après l'orage.

Cela posé, nous commençons :

I.

La forêt de Moulière, ancien apanage de la couronne, offrait beaucoup plus d'étendue autrefois que de nos jours. Dans la partie qui s'étend au nord, sur les communes de Bonneuil-Matours, Vouneuil (1), St-Cyr, elle couvrait de grandes étendues de bruyères, profondément accidentées par l'extraction de la pierre meulière, *moulière* comme on disait jadis. Ces parties portent le nom de *Pinail,* petite forêt, etc.; les droits de passage, glandées, parcours, dont jouissaient les habitants, ont dépouillé rapidement ces

---

(1) L'étymologie de ces terminaisons en *euil* prend sa source dans la désinence correspondant au mot *Gilus*, qui signifie bois. — *Bonogilus, Vodoenogilus,* etc. — D Fontencau. t. VI, p. 25.

plateaux de leur végétation centenaire. En France, on n'a jamais eu l'esprit conservateur. Depuis Charlemagne, qui ordonnait le défrichement des forêts. *stirpare faciant judices ubi locus ad stirpandum*, jusqu'aux fameuses ordonnances de 1669 qui commencèrent à soumettre les bois à un aménagement réglé et à des conditions spéciales, le pillage s'était organisé sans aucun souci de l'avenir. L'institution des tribunaux des *tables de marbre*, les édits de 1561 et 1568, l'établissement des *Grueries*, n'arrêtèrent ni les déprédations ni le mal. Pour n'en citer qu'un exemple, on constata, en 1724, que la forêt d'Orléans avait perdu ainsi un quart de sa superficie depuis 1671, c'est-à-dire après les ordonnances de Colbert.

Il est vrai qu'alors de nombreuses populations trouvaient dans les abus de cette jouissance forestière, des ressources uniques pour soutenir leur existence. Les bûcherons, les boisseliers, les charbonniers, les fendeurs et bon nombre d'autres abattaient, taillaient et brûlaient sans redevance et sans contrôle réels. Beaucoup de ces ouvriers ne sortaient jamais des forêts où ils étaient nés. Pour eux, l'horizon ne s'étendait jamais au-delà des vieux chênes de leur triage et on croira facilement que leurs mœurs et leurs habitudes devaient se ressentir de cette existence sauvage et primitive. Entre eux, les sangliers et les loups, il y avait plus de rapport que de différence; mais cette race a disparu comme ont disparu les ours des forêts de Bretagne et du Poitou, et c'est au fond des houillères qu'il faut aujourd'hui aller chercher ce type étiolé et dégradé par l'industrie du XIXe siècle.

Dans le voisinage de la forêt qui approche par le fort Denis et Amasseau, des villages de la Foy (autrefois la Fa, de *fagus*, hêtre), de Logerie et du Charbon-Blanc, singulière dénomination sur laquelle il y a une légende, existait une cabane, isolée de la Petite-Foy, qu'on appelait Rouet, servant de résidence à une famille de bûcherons. Cette borderie, assise dans le pli d'une vallée secondaire, était grande et considérable pour l'époque; les terres en étaient excellentes, elles étaient bien cultivées, couvertes d'arbres à fruit et, tout à l'extérieur paraissait annoncer l'aisance relative et le bonheur qui s'attache aux laborieux travaux des champs.

Lorsque entraîné par la chaleur du jour, ou la fatigue de la marche, un chasseur pénétrait dans cette chaumière pour y demander un peu de repos ou de nourriture, il trouvait à l'intérieur l'ordre et la propreté, mais l'accueil n'était pas toujours aimable et hospitalier. La famille qui occupait Rouet se composait d'une femme veuve, de deux beaux enfants et d'un bûcheron âgé d'environ 40 ans, aux grands yeux bleus, à la physionomie douce et résignée, qui s'appelait Pierre Barci.

La maîtresse du logis était sa belle-sœur, une grande et forte femme aux cheveux noirs, aux regards durs, à la voix impérieuse, plus disposée au commandement et à la colère, qu'à la douceur et à la résignation. Cette femme avait dû être belle, maintenant elle n'avait plus de sexe : c'était le tyran de la maison, grondant, calculant, chicanant avec tout son entourage. Jamais, de sa bouche ou de ses yeux, ne tombait un sourire ou une douce parole ; elle était comme tant d'autres d'une classe plus élevée, égoïste et vaniteuse; tout pour elle et tout par elle; et si elle avait connu le MOI de Louis XIV, bien certainement elle l'aurait appliqué à sa borderie, comme le grand Roi à ses états.

Pierre Barci, doux, rêveur, silencieux, subissait sans se plaindre ce despotisme acariâtre. Il était rarement à la maison, mais lorsqu'il y arrivait le samedi soir pour y passer le dimanche, les enfants couraient au-devant de lui, cherchant ses caresses, se suspendant à son cou et répétant : mon oncle, mon bon oncle, avec le même accent qu'ils eussent employé s'il se fût agi d'un père bien-aimé. On les grondait souvent de leurs excès de tendresse, car les méchants sont envieux et jaloux. Aussi, quand Pierre entrait dans la chaumière, toute démonstration cessait et les pauvres petits gardaient le silence. La scène changeait alors de caractère. Sans lui dire un mot, sans lui souhaiter la bien-venue, la grande femme faisait un signe à son beau-frère, que celui-ci paraissait comprendre sans qu'il fut besoin d'autre explication; Pierre tirait une vieille bourse de cuir de sa poche, il en versait le contenu sur la table, et il mettait en piles les sous et les deniers qu'elle renfermait. Cet argent était le produit de son travail de la semaine dans la forêt. Pierre était un bûcheron et un fendeur habile. Avec le moins de paroles possible il rendait compte de ce qu'il avait gagné; la femme additionnait sur ses doigts et, lorsque le compte était terminé, elle prenait tout, ne laissant pas un rouge liard à ce brave jeune homme et, versant cette monnaie dans un grand sac en toile qui paraissait fort lourd, elle allait l'enfermer dans un vieux coffre, sans qu'un mot de remercîment ou de bienveillance témoignât à son beau-frère qu'elle était touchée de tant de désintéressement, de travail et d'abnégation.

Comment Pierre Barci se soumettait-il à une semblable servitude ? Qui pouvait l'engager à vivre sous le même toit que cette femme dure et orgueilleuse ? Il y avait là toute une histoire dont nous allons faire part à nos lecteurs.

II.

Pierre et René Barci étaient orphelins à l'âge où les enfants de la campagne commencent le rude apprentissage d'une vie qui ne se soutient qu'au moyen d'un labeur pénible et incessant. Leur père était bûcheron, ils furent bûcherons comme leur père. René se trouvait l'aîné de quelques années; c'était un grand et fort jeune homme au caractère ardent et audacieux, qui travaillait avec énergie, mais qui rêvait la fortune et ses loisirs. Les deux frères, précisément parce qu'ils étaient de caractère fort différent, avaient l'un pour l'autre une vive tendresse; Pierre éprouvait pour son frère le respect qu'on porte à son père, et lorsque l'âge fut venu, il l'écoutait et lui obéissait encore comme un enfant. René aimait Pierre, mais ce n'étaient ni les élans du cœur, ni la tendresse naïve de ce dernier; il l'aimait en être fort, ne songeant pas à cacher sa supériorité et en abusant un peu, sans se douter de sa tyrannie. Fallait-il abattre un chêne séculaire dans la forêt, sur une pente rapide ou dans un terrain difficile, René ne ménageait pas ses bras pour éviter de la besogne à Pierre, mais si quelque danger pouvait naître de sa chûte, Pierre trouvait toujours moyen d'être à la place dangereuse et de sauver à son frère celui qu'il aurait pu courir. Déjà, à cette époque, il remettait à son aîné l'argent de son travail, ne conservant que bien peu de chose pour ses besoins, et cependant René aimait à dépenser autant que Pierre était économe. Le dimanche, lorsqu'ils descendaient pour entendre la messe au bourg, Pierre était toujours vêtu proprement mais sans recherches, tandis que son frère étalait avec orgueil des vêtements neufs et voyants. Aussi René accaparait-il toute l'attention et tous les regards: les jeunes filles le trouvaient beau garçon et bien honnête, tandis qu'aucune ne songeait à son frère qui paraissait timide et mal appris. On dansait, on allait au cabaret. René aimait ces plaisirs avec ardeur. Il lui arrivait souvent de s'oublier avec ses nombreux amis jusqu'à une heure avancée de la nuit et lorsque la tête échauffée, la démarche chancelante, il regagnait péniblement son logis, il était certain de rencontrer à la Croix-Bagot, son frère, assis au bord de la route, l'attendant depuis de longues heures. Tous deux se donnaient alors le bras; René parlait beaucoup, Pierre se contentait de répondre et jamais un mot de reproche ou de plainte ne s'échappait de ses lèvres; il aimait trop pour cela.

Un soir, ou plutôt une nuit, René, encore plus expansif que de coutume, exprima à son frère toute l'admiration qu'il éprouvait pour la fille d'un fermier du voisinage. C'est une belle et forte femme, disait-il, je suis sûr qu'elle mènera bien les affaires; d'ailleurs son père est un richard, il lui donnera au moins *vingt boisselées* (1) de terre dans la *Varenne* (2), son ménage et peut-être bien de l'argent. Je crois qu'elle me conviendrait et qu'elle ne me voit pas d'un mauvais œil. Et comme Pierre ne répondait rien, René s'arrêta et lui quittant le bras :

— Voyons, frère, ajouta-t-il, parle ; que penses-tu de ce mariage? Tu sais bien que je ne voudrais pas te chagriner ; réponds-moi et franchement, c'est pas le cas de faire ton sournois, comme tous les jours.

Ce que dit Pierre, nous ne le répéterons pas ici. Toujours est-il que, malgré ses observations pleines de sens et de douceur, René demanda et obtint peu de temps après la belle fille qu'il convoitait et l'établit à Rouet, avec son ménage, son argent et ses belles hardes. Pendant quelque temps, le nouveau ménage alla assez bien, mais à dater de la naissance du premier enfant, la jeune femme devint intéressée, acariâtre et méchante, au point de rendre son intérieur insupportable. René qui avait peut-être quelques torts avec elle, essaya d'abord de résister à

---

(1) Boisselée, 10 ares.
(2) De *Garden*, jardin, dérivé du celtique, *Var*.

l'orage, il ne réussit qu'à le prolonger. Alors, soit faiblesse, soit entraînement, il s'absenta de la maison des semaines entières, ne rentrant ni la nuit ni le jour. Pierre le voyait rarement dans la forêt; il abandonnait l'ouvrage sous le premier prétexte venu et cependant, de temps en temps, il remettait de l'argent à sa femme, plus, beaucoup plus qu'il n'en aurait gagné par un labeur assidu. René ne faisait aucun commerce; d'où pouvaient lui venir ces ressources extraordinaires ? C'est ce que nous apprendrons tout-à-l'heure.

Pierre s'attristait cependant de cet état de chose. Il cherchait en vain dans son esprit la solution de ce problème; le pauvre garçon, peu habitué à en résoudre, ne trouvait rien que des pleurs. Privé de son frère, il ne travaillait plus comme autrefois, le cœur manquait à la besogne, et il perdait de grandes heures, la tête appuyée entre ses mains, à s'abîmer dans ses réflexions. Un jour, qu'il revenait de la forêt, et qu'il s'était assis dans un chemin creux, ombragé par des épines noires en fleurs, il fut surpris, au milieu de ses profondes méditations, par une douce voix qui lui adressait la parole à ses côtés. Il leva les yeux: c'était une petite bergère du Charbon-Blanc, qu'il avait rencontrée souvent sur sa route sans y faire grande attention, quoiqu'il connût sa famille.

— Pierre, disait-elle, un gars comme vous doit-il donc se désoler ainsi. Si vous aviez perdu votre amoureuse vous ne seriez pas si triste; faut de la raison cependant. mais les hommes n'en ont guère.

Pierre leva les yeux, regarda la bergère et ne répondit rien. — Ah! oui, continua-t-elle, je sais bien que vous me prenez pour une enfant; pourtant, vienne la moisson nouvelle et j'aurai plus de 20 ans. J'en sais plus que vous ne croyez, vous et les autres qui me prennent pour une innocente, et je vous dirais bien, si je voulais, pourquoi vous êtes triste depuis tantôt six mois, pourquoi vous pleurez et n'avez plus de cœur à l'ouvrage de la forêt.

Le jeune homme ne s'attendait pas à ce langage; cette fois il releva tout-à-fait la tête et se mit à considérer avec plus d'attention qu'à l'ordinaire la pastoure qui lui parlait. La bergère supporta cet examen d'une façon tranquille, sans baisser les yeux et sans rougir, mais un léger sourire vint errer sur ses lèvres. C'était une jeune fille d'une taille ordinaire, aux cheveux châtains, abondants, mais un peu en désordre, au corsage souple et dégagé, avec de belles dents, un doux sourire et de grands yeux tout à la fois tendres et mutins. Elle était pauvrement vêtue; ses pieds nus s'enfonçaient dans de grands sabots, sa jupe de grosse laine trahissait plus d'un raccommodage et sa cape, devenue grise par suite du temps et des intempéries de l'air, était bien vieille et bien usée. Tout cela était propre cependant. La petite Jeannette embellissait ces pauvres vêtements et Pierre la considéra quelque temps avec surprise, autant de la trouver si brave et si jolie, qu'à cause du singulier discours qu'elle venait de lui tenir.

— Te voilà grande et jolie, ma pauvre enfant, dit enfin le bûcheron, mais tu parles de choses que tu ne comprends pas et tu te crois aussi habile, je suis sûr, que Ste-Rosne qui devinait toujours, le matin, le temps qu'il ferait le soir.

— Ne vous moquez pas des saints de la forêt, répondit la pastoure avec un peu de colère; et parce que vous êtes un homme, ne vous croyez pas si au-dessus d'une simple bergère comme moi. Ne sais-je pas pourquoi vous êtes triste depuis tantôt plusieurs mois que René se dérange de l'ouvrage ? Et qu'avez-vous fait pour le ramener à son devoir ? vous pleurez par les chemins, comme une femme, et vous ne savez pas seulement où il est maintenant, votre grand frère ; allez, allez donc le demander à sa méchante femme, ni vous ni elle ne pourriez dire ce qu'il devient...... et la pauvre innocente le sait cependant. Mais, ajouta-t-elle en se levant et en s'éloignant, vous n'êtes pas bon, Pierre, comme je le croyais, et ce que j'avais à vous dire, je ne vous l'apprendrai pas.

Pierre fut surpris et fâché tout à la fois des paroles qu'il venait d'entendre. Il se leva pour suivre la bergère; il voulait savoir ce qu'elle avait à dire sur son frère, mais ses supplications restèrent inutiles.

— Je ne me confie qu'à ceux que j'aime, répondit-elle, et je ne vous aime pas.

Durant plusieurs jours, en allant ou en revenant de l'ouvrage, Pierre essaya de nouveau de faire parler la jeune fille, mais il lui fut impossible de lui arracher son secret. Cependant, soit amitié pour son frère, soit qu'il fut séduit par les jolis yeux de la pastoure, dès qu'il l'apercevait, gardant ses moutons et filant sa quenouille au pied de quelque arbre ou abritée derrière un buisson, le bûcheron allait la rejoindre et de longues conversations s'établissaient entre eux. Ces rencontres devinrent pour Pierre une habitude: les jours où il n'avait pas rencontré Jeanne, il était plus malheureux qu'à l'ordinaire. Auprès de sa belle-sœur qui lui faisait triste accueil, loin de son frère qu'il ne voyait plus que rarement, il se trouvait bien seul au monde. Son pauvre cœur avait besoin d'aimer et quoiqu'il portât à ses neveux un intérêt bien tendre, les petits étaient d'un âge qui ne saurait payer l'affection d'un sentiment pareil. Il commença donc à rechercher Jeanne pour elle-même et les dimanches ils se rencontrèrent dans les fonds de Boirie, ou sur les lisières de la forêt. De longues promenades avaient lieu entre eux, parfois la conversation était animée et si la jeune fille se sentait touchée du naïf bon cœur de Pierre, celui-ci demeurait étonné de rencontrer dans une simple bergère tant d'esprit et une si haute raison. Le plus souvent cependant ils marchaient, l'un à côté de l'autre, dans les sentiers sinueux qui fuyaient sous les grands arbres, sans échanger une parole, comme deux enfants qui sortent des bras de leur mère après avoir partagé de douces caresses, ils s'en allaient, se tenant par la main, échangeant de longs regards et savourant leur amour dans le calice de leurs cœurs. Bientôt on en jasa dans le voisinage. Jeanne n'avait qu'une vieille mère, mais la bonne femme s'inquiéta. M. le curé rencontra un jour René auprès du bourg et lui parla de son frère ; hélas ! tout conspirait contre leur innocent bonheur. On prononça le mot mariage, mais pourquoi se marier, s'en aimeraient-ils davantage ? Cependant il fallait se séparer ou s'unir. René prit sur lui de faire la demande pour son frère, cette demande fut agréée.

Les choses vont vite à la campagne. Lorsqu'on est d'accord, on ne consulte ni les étrangers ni les notaires. Le jour fut fixé, mais un bien triste évènement devait briser ce projet d'union. Le dimanche des accordailles, Pierre et Jeanne firent une dernière promenade, Pierre était un peu plus hardi qu'auparavant.

— Jeanne, disait-il, je sais que vous m'aimez, cependant, vous ne me l'avez jamais dit. Ignorez-vous donc tout ce qu'il y a de bon dans cette chère parole? Ah! Jeanne, regardez-moi; Jeanne, parlez-moi ce langage plus doux que celui des fauvettes et du rossignol et..... La réponse fut bien ce que pouvait espérer Pierre, mais ce n'était pas tout ce qu'il voulait.

— Vous m'avez dit, ajouta-t-il, en me parlant de René, que vous ne vouliez confier votre secret qu'à l'ami du cœur; le vôtre est à moi, achevez vos confidences. Que savez-vous sur mon frère? Jeanne ne me cachez rien.

La pastoure était dans un de ces moments où nos sentiments, comme la liqueur qui fermente, se répandent facilement au dehors du vase. Le moyen de refuser à l'homme qu'on aime et à qui on vient de l'avouer, un secret qui ne la touchait en rien ! Jeanne se fit un peu prier, enfin elle se décida à le révéler à son promis. — René était tous les jours en danger de mort, il faisait la contrebande, il était *faux saunier*.... nous serons deux pour l'en détourner, ajouta-t-elle.

III.

Aujourd'hui que l'impôt du sel est aboli, bien des personnes ignorent à quelles étranges vexations le recouvrement de cet impôt donnait lieu. Le Poitou était soumis aux droits qu'on appelait *Quart du sel*, et le recouvrement entraînait les mesures les plus tyranniques et parfois même les plus sanglantes. La bergère n'avait pas exagéré en disant que René s'exposait tous les jours, en fraudant les droits des gabelles, à la vengeance et aux sévices des gabeloux. Il faut lire, pour avoir une idée des entraves apportées au transport de cette denrée de première nécessité et à la pénalité qui frappait les faux-sauniers, les édits de Charles VII et de Louis XI (1). Un boisseau de sel ne pouvait changer de maître, sans être chaque fois diminué de l'impôt du Quart. Personne n'en pouvait avoir plus que sa consommation présumée, et l'appréciation en restait au bon plaisir de MM. les *gabeloux*. Dans cette partie du Poitou, on était contraint de s'approvisionner aux greniers de

---

(1) Voyez les édits de 1451 en 10 art.— Ordonnance de Louis XI en 1469. — Ordon. des Rois, t. XV. p. 139, 283, 595, etc.

Poitiers ou de Chauvigny, les seuls autorisés par la loi. L'amende, la confiscation, la prison menaçaient continuellement les consommateurs. Les *gabeloux*, les dénonciateurs étaient encouragés par une prime; et si l'on ajoute à tous ces faits que nous ne faisons qu'indiquer, le droit de franchise dont jouissaient quelques provinces limitrophes, on comprendra de quels nombreux épisodes la perception de cet impôt se trouvait entouré. Le souvenir en est partout vivant dans nos campagnes. Celui que nous racontons est connu de tous les villages avoisinant la forêt de Moulière, où des gardes nous indiquaient encore, il n'y a pas bien longtemps, les sentiers suivis par les faux-sauniers dans leurs expéditions hasardeuses.

Les localités isolées et d'un accès difficile étaient préférées par les contrebandiers. Les bords des rivières, les anfractuosités des rochers, les forêts d'une grande étendue, présentaient des chances de dérober les denrées à la surveillance et aux recherches des *gabeloux*. Le sel venait généralement de Poitiers pour s'exporter dans le nord. Les faux-sauniers étaient organisés en bandes nombreuses qui avaient des mots et des signes particuliers de reconnaissance. La contrebande se faisait en grand avec des mulets ou des ânes. On nommait un ou plusieurs chefs, et des *aviseurs* qui, comme marchands ambulants ou comme braconniers, battaient le pays afin de reconnaître les passages libres, tandis que les premiers cherchaient la direction à donner aux convois chargés de sacs et de *mannequins*. Les *gabeloux*, de leur côté, ne restaient pas inactifs dans cette guerre de ruse et d'audace. Stimulés par la confiscation qui leur accordait la moitié des bénéfices, connaissant tous les secrets et tous les moyens détournés employés par leurs adversaires, ils opposaient la ruse à la ruse, l'audace à l'audace : hardis quand ils se sentaient en force ou soutenus, poltrons et lâches lorsqu'ils étaient les plus faibles, mais toujours sans entrailles pour les délinquants et se faisant justice eux-mêmes (1). Telle était l'association périlleuse dans laquelle René Barci se trouvait engagé et qui le faisait se dérober aux caresses de ses enfants, à l'aigreur de sa femme et à l'amitié d'un frère dont il n'avait jamais bien apprécié le cœur.

Jeune, fort, audacieux, René eût bientôt conquis parmi ses camarades de maraude une influence incontestable. Plusieurs opérations heureusement conduites, un ou deux combats avec des *gabeloux* et dont il était sorti vainqueur, quelques expéditions désespérées qu'il avait sauvées des griffes du fisc comme par miracle, lui firent une réputation fort

---

(1) Un marquis de P..., chef des faux-sauniers, fut assassiné, dit la tradition, dans son château en Poitou, lors d'une descente des gabeloux dans son habitation.

difficile à porter. La réussite le rendait téméraire, l'ambition de devenir riche et de sortir de son état de bûcheron l'aveugla sur le danger des expéditions. Dans le pays, sa présence au milieu des contrebandiers, l'autorité dont il jouissait parmi eux, cessèrent d'être bientôt un mystère et, chose remarquable, quoique ces populations fussent hostiles aux employés du fisc, elles redoutaient presque également les faux-sauniers dont les relations pouvaient à chaque instant les compromettre. C'est dans ces circonstances, que Pierre et Jeanne résolurent d'unir leurs efforts pour l'arracher à cette position dangereuse; leur surveillance leur sembla nécessaire, jusqu'au jour où ils auraient réussi à le ramener à sa famille et à son travail.

La pensée était sage et généreuse, mais elle était pleine de difficultés et de périls, car on devenait ainsi complice du contrebandier. Plus d'une fois, Pierre, qui connaissait la forêt aussi bien que son frère, en se cachant à *Jape-le-Loup,* au *Fort Denis,* près d'*Amasseau*, dans la lisière des bois qui s'étendaient du côté de Rouet et de *Mauvais-Vent,* épia les mouvements des Gabeloux, et parvint à déjouer leurs manœuvres. Une fois même, pour sauver son frère, il passa un jour et une nuit à peu près sans nourriture, dans la fosse qu'on appelle les *Écuries du Roi,* et au moment où, à la tête d'un convoi de quarante bêtes de somme chargées de sel, René allait être enveloppé, Pierre, par un stratagême habile. le sauva des griffes de ses ennemis acharnés, non sans courir lui-même la chance d'être pris. Cette nuit-là, une rixe violente s'éleva entre les contrebandiers et des agents des Gabelles; un de ces derniers mourut quelques jours après des blessures qu'il avait reçues, et un faux-saunier eut un bras cassé d'un coup de feu.

Pierre voulut profiter de ces malheureux évènements pour décider son frère à abandonner ce trafic illicite, mais la haine et l'exaspération arrivaient à leurs dernières limites ; ce n'était plus de la répression et de la contrebande, les deux partis voulaient se venger; ceci devenait une dette de sang. Tout ce que le bûcheron pût obtenir, ce fut la promesse, peut-être un peu légèrement faite, de cesser cette existence hasardeuse, et de reprendre le travail de la forêt, lorsqu'on aurait écoulé les achats des contrebandiers, et tiré vengeance des Gabeleurs.

Ces circonstances se présentèrent plus tôt qu'on ne pensait. Par suite de la mort d'un des agents du fisc, les fermiers de l'impôt, qui habitaient Poitiers, résolurent d'augmenter le nombre de leurs commis, et de frapper un coup décisif, afin d'arrêter une contrebande qui leur était si préjudiciable. Durant quelques jours, pour mieux dissimuler leurs intentions, ils se relâchèrent de leur surveillance, les agents disparurent de la forêt, et les convois arrivèrent le plus facilement du monde à leur destination.

Déjà les faux-sauniers criaient victoire, et voyaient des trésors facilement obtenus dans l'avenir. La petite Jeanne, qui trouvait le moyen de savoir bien des choses, ne se fiait pas à ce calme trompeur. Dans peu de jours elle devait devenir la femme de Pierre. elle l'avertit de quelques paroles imprudentes des commis, de singulières démarches qui étaient venues à sa connaissance. Pierre conjura son frère, de nouveau, d'abandonner ses périlleuses entreprises; mais le malheureux avait autant d'ambition que d'orgueil; une expédition extraordinaire se préparait, il s'était engagé à la conduire, et les instances de la raison et de l'amitié restèrent sans effets sur sa détermination.

La veille du jour fixé par les faux-sauniers, René quitta sa demeure au milieu de la nuit sans prévenir sa famille. Pierre, apprenant son absence, courut auprès de la jeune pastoure et tous deux, après une courte conversation, prirent le parti d'explorer immédiatement les passages de la forêt. Jeanne devait y entrer par le *Fort-Denis* et se diriger sur la *Touche-Lecomte*, pendant que son fiancé ferait un détour par *Traversay*, la *Goutaille*, le *Bois-Roger* et les *Fourneaux* et viendrait le rejoindre dans le lieu indiqué. Pierre portait sa cognée, comme un bûcheron qui rejoint son ouvrage, tandis que la bergère allait sous les ombreuses futaies centenaires, tantôt filant, tantôt chantant à demi-voix, car il ne fallait pas donner l'éveil aux gabeleurs. La journée était fraîche et délicieuse, un radieux soleil laissait filtrer ses rayons à travers le feuillage, les oiseaux gazouillaient dans les arbres et le chevreuil craintif se glissait doucement sur la mousse épaisse, allongeant la tête avec une curiosité inquiète sous les halliers ou au passage des chemins. Dans la soirée, les deux fiancés se trouvèrent au rendez-vous. Pierre n'avait aperçu que peu de choses, une ou deux personnes qu'il avait cru reconnaître, qu'il avait appelées, mais qui s'étaient détournées sans lui répondre ; Jeanne, au milieu de son trajet, s'était rencontrée avec une espèce de monsieur qui lui avait conté des douceurs, entremêlées de questions et de mensonges sur des choses qu'elle connaissait mieux que lui. Tout cela ne donnait pas beaucoup d'éléments aux appréhensions et les jeunes gens fatigués de leur longue course et voulant d'ailleurs veiller jusqu'à la nuit, choisirent la pente couverte de mousse d'un ancien fossé, retraite solitaire entourée d'arbustes et ombragée par de grands arbres, pour faire en commun un frugal repas. Ils s'assirent l'un près de l'autre ; Pierre, tira de son sac du pain et des œufs durs ; Jeanne, sortit de ses poches des pommes et des noisettes et le festin commença. On parlait peu, mais on oubliait cependant de manger pour se jeter de longs regards; le bûcheron était triste, la jeune fille au contraire paraissait gaie, peut-être y avait-il un peu de coquetterie de sa part. car, même au village, elle n'est pas inconnue. Des œufs durs, c'est un peu étouffant; Pierre présenta sa gourde remplie de piquette, mais Jeanne ne voulut pas l'appliquer à ses lèvres, elle essaya d'en verser dans le creux de sa main, la boisson s'échappa entre ses doigts; le bûcheron ne put s'empêcher de sourire. Jeanne le vit et frappa la terre de son petit pied. Réunissant alors les deux mains de la jeune fille de manière à en faire une coupe vivante, Pierre remplit ce joli vase de la liqueur rose et pétillante; Jeanne la porta à sa bouche, mais ne pût tout boire; alors, avec un geste de coquetterie juvénile, elle l'approcha des lèvres de son fiancé. Celui-ci se hâta d'y plonger la tête, apparemment qu'il se permit autre chose que de satisfaire sa soif, car les mains s'ouvrirent tout d'un coup et la piquette fuyant des lèvres du jeune homme se répandit sur ses genoux pendant que d'une bouche mutine s'échappait un joyeux éclat de rire.

C'est dans de semblables enfantillages, qui cependant paraissent si doux à ceux qui aiment, que les heures de la soirée s'écoulèrent. Le soleil venait de disparaître derrière les grands arbres, les longues ombres se fondaient dans la teinte grise du crépuscule ; Jeanne s'était rapprochée de Pierre, il lui semblait entendre des bruits étranges dans la forêt. Le bûcheron la rassurait, il tenait ses deux mains dans l'une des siennes et lui expliquait d'où ces bruits pouvaient venir, lorsque un coup de sifflet retentit dans le voisinage. Les deux jeunes gens se levèrent par un même mouvement :

— Les *gabeloux*, dit Pierre.

— Ecoute, reprit la pastoure, il me semble que j'entends marcher près de nous, j'ai peur, mais il faut faire notre devoir : ou ton frère est passé avec ses mulets et alors il n'y a plus grand danger pour lui, ou il se trouve encore du côté de Poitiers et il est nécessaire de l'avertir. Laisse-moi seule ici, je tâcherai de ne pas trembler trop fort et d'approcher assez de ce monde pour les entendre parler, tu suivras la lisière de la route sans qu'on puisse t'apercevoir : il fait sombre, c'est facile ; et lorsque tu auras prévenu René, nous nous retrouverons du côté de la *Goutaille* sur les confins de la forêt.

L'avis était bon, Pierre le comprit ; Jeanne ne courait pas grand danger, il lui serra la main et s'éloigna avec précaution, en faisant un détour.

Quelques minutes après, sans que la jeune fille ait eu besoin de quitter sa cachette, les personnes qu'elle avait entendues se rapprochèrent assez pour que le son de leur voix lui parvint distinctement. Le bûcheron ne s'était pas trompé ; c'étaient bien les employés du fisc, ils étaient nombreux, armés et ils discutaient entre eux sur les moyens de s'emparer du convoi de sel et des faux-sauniers. Ils l'avaient vu s'engager dans la forêt et n'y avaient apporté aucun obstacle afin de le saisir plus sûrement tout entier et dans la cruelle pensée d'assouvir leur vengeance. Le monsieur qui s'était rencontré avec Jeanne se trouvait parmi la bande, il paraissait plus acharné que les autres, quoiqu'il n'eût pas fait partie auparavant des malheureuses expéditions des gabeloux. Après quelque discussion, leur plan fut arrêté, la troupe se divisa en trois parties, l'une continua sa marche pour surveiller la route à la sortie de la forêt du côté de la Vienne, l'autre se mit en embuscade dans le voisinage du lieu où ils délibéraient, le plus petit nombre, mais bien armé, eut mission de battre le bois et de pousser un cri de ralliement, s'ils rencontraient le convoi déviant de sa marche.

Ces dispositions exécutées immédiatement rendaient extrêmement périlleuse la situation des fraudeurs. La seule chance qui leur restât pour échapper à leurs ennemis, c'était de se trouver en avance sur la route de Poitiers à Bonneuil-Matours ; mais cette supposition était peu admissible. car il n'était pas probable qu'ils se fussent hasardés dans la forêt en plein jour et que Pierre et Jeanne n'en aient rencontré aucunes traces. Le parti le plus prudent pour elle était de rejoindre son village, la vaillante jeune fille n'y songea pas un instant; la réflexion lui dit qu'il fallait retrouver Pierre, l'avertir des arrangements pris par les Gabeleurs et en usant de ruse, imiter leur signal de ralliement et les disperser ainsi dans la forêt; elle se mit aussitôt en marche. Déjà elle était assez éloignée des commis des Gabelles, lorsqu'un cri éclata sous les halliers et fut suivi presque au même moment par plusieurs coups de feu. Jeanne n'avait plus rien à faire, les deux partis étaient aux prises, une insurmontable terreur s'empara d'elle et elle tomba à genoux en murmurant une prière.

En quittant la jeune fille, Pierre avait hâté le pas et, comme il connaissait tous les passages de la forêt, il n'avait pas tardé à franchir le long détour que formait la route où il soupçonnait que son frère était engagé. Il parvint à le rejoindre à temps, il l'avertit en quelques mots, ainsi que les cinq ou six contrebandiers qui lui servaient de compagnons, des dangers qu'ils couraient. A l'instant même les faux-sauniers se divisèrent, on partagea les bêtes de somme et chacun prit dans la forêt le chemin qu'il jugea le moins hasardeux. René, avec la plus grande part du chargement et un ou deux camarades, se jeta sous les futaies dont il connaissait les moindres sentiers.

Pierre le précédait d'une centaine de pas; le plus grand des hasards l'amena auprès de sa fiancée. Après quelques hésitations ils se reconnurent, Jeanne rassurée sur le sort des deux bûcherons, leur fit part de ce qu'elle avait appris et son récit donna lieu à une nouvelle manœuvre.

Cette ruse était bien simple; les deux fiancés, laissant les contrebandiers pénétrer dans la forêt, se jetèrent d'un côté opposé et poussèrent le cri de ralliement lorsqu'ils se trouvèrent à une certaine distance: alors ils se séparèrent et, prenant une direction différente, ils continuèrent de temps à autre à jeter des cris qui devaient fourvoyer complètement messieurs les gabeleurs. Jeanne parvint aux limites de la forêt et pensa qu'elle pouvait retourner chez elle. Pierre rejoignit son frère, convaincu que le sentier qu'ils suivaient devait être maintenant libre et que, s'il n'avait pu empêcher toute collision, comme l'annonçaient les coups de feu, du moins son René bien-aimé n'avait plus de périls à courir. La nuit était obscure, on marchait avec précaution. Tout-à-coup le mulet qui formait la tête du convoi s'arrêta, l'un des faux-sauniers s'élança et au même instant poussa un gémissement douloureux ; il fut entouré aussitôt par ses camarades. Ce mouvement avait été calculé par les gabeleurs; les contrebandiers réunis se trouvèrent cernés par leurs ennemis; ils étaient au nombre de dix ou douze; toute résistance paraissait impossible, mais il y allait de la fortune des malheureux fraudeurs et peut-être de leur vie, les couteaux furent tirés, quelques pistolets firent feu et la mêlée devint terrible et sanglante. L'issue de ce combat ne pouvait être douteuse, les forces étaient trop inégales. Trois hommes étaient déjà par terre, mais René continuait à se battre avec l'énergie du désespoir. Une balle l'atteignit et lui traversa la poitrine; il tomba pour se relever aussitôt et recommencer la lutte. Dans ce moment, le cri éloigné des gabeloux se fit entendre et les agents du fisc, craignant une trahison, maîtres d'ailleurs du convoi et assurés de leur vengeance, s'éloignèrent à la hâte. René, animé par la fureur, s'élança à leur poursuite; ses forces le trahirent. Vainement son frère l'aida à se relever de nouveau et à faire quelques pas, le pauvre bûcheron se laissa glisser entre ses bras, il sentit qu'il allait mourir. Couché au pied d'un vieux chêne, qui a longtemps conservé son nom, il comprenait, mais trop tard, la folie de ses ambitieuses espérances. Pierre pleurait et ne cachait pas ses larmes. René, orgueilleux et fort, même à son dernier moment, renfermait au fond de son cœur ses sentiments et sa souffrance. Longtemps il lutta contre cette émotion terrible qui frappe l'homme suspendu à sa dernière heure entre deux abîmes, le passé et l'avenir. Enfin la nature l'emporta, sa tête s'appuya sur la poitrine de Pierre et ces mots s'échappèrent de sa bouche :

— Adieu, frère, adieu……. tu es meilleur que moi……. j'aurais dû suivre tes avis…… sois le frère de ma femme, le père de mes enfants….. de mes pauvres enfants !….

IV.

On comprend que ce tragique évènement suspendit les apprêts du mariage de Pierre et de Jeanne.

Le malheureux ne rentra chez lui qu'après avoir rendu les derniers devoirs à son frère. Il tendit la main à la veuve, il embrassa les orphelins, et il leur dit…. mes enfants !

Une année s'écoula, partagée entre la douleur et le travail. La petite fille de René tomba malade: c'était une fièvre et une langueur auxquels les médecins ne pouvaient rien, chaque jour l'enfant s'affaiblissait et son intelligence et son cœur semblaient grandir avec la maladie. Le soir, malgré les défenses de sa mère, elle allait jusqu'au jardin pour rencontrer son oncle à son retour ; c'était lui qui lui faisait réciter sa prière, elle ne pouvait s'endormir que sur ses genoux.

Cet état se prolongea tout l'hiver. Au printemps,

lorsque les hirondelles revinrent en poussant de joyeux cris dans les airs, la pauvre petite ne pouvait plus se lever sans aide. Pierre se désespérait et ne savait que faire ; on lui parla du pèlerinage de *Chenevelles* ; c'était un cœur innocent et pieux, il avait la foi, il résolut d'y conduire son enfant.

Lorsqu'il en parla à sa belle-sœur, elle leva les épaules, mais elle ne mit pas obstacle à ce voyage.

Pierre prit l'enfant entre ses bras et s'en alla à *Chenevelles*. Il fit dire des évangiles par le bon curé de la paroisse et s'en fut ensuite à la fontaine de St-Remy laver le linge de la malade.

Une tradition, qui existe encore, veut que si le linge surnage, les malades soient guéris dans les neuf jours.

Le linge demeura à la surface de l'eau.

Quelques temps après, peut-être un peu plus de neuf jours, la petite fille reprit des forces, la fièvre disparut, elle guérit enfin tout-à-fait.

Pierre fut heureux. Il se montra plus gai, le monde qui n'en savait pas la cause, parla de nouveau de son mariage avec la pastoure.

Ceci revint aux oreilles de sa mère.

Un dimanche qu'elle rencontra Pierre par les chemins, au retour des vêpres, elle fit route avec lui et s'arrêtant tout à coup, elle lui dit :

— Vous avez adopté à ce qu'on dit les enfants de votre frère ?

— Oui, mère Jeanne.

— Et sa femme aussi ?

— Ils n'ont que moi au monde.

— Vous les avez adoptés tout-à-fait, pour maintenant comme pour l'avenir ?

— Pour toujours.

— C'est bien, Pierre, vous êtes un brave homme et vous faites votre devoir, mais..... il faut bien que je vous le dise, on parle tout-à-l'heure de votre mariage avec ma fille et vous comprenez..... ça me fait de la peine de vous l'avouer, la pauvre enfant ne peut aller chez votre belle-sœur et quant à la veuve de René chez moi.... jamais !

Le bûcheron comprit alors tout son malheur. Il balbutia quelques mots inintelligibles. La vieille paysanne le regarda fixement et ajouta au moment de le quitter :

— Je ne m'oppose pas à votre mariage, je vous dis la condition, voilà tout. Si Jeanne ne doit pas être votre femme, il faut cesser de se voir, on en jase déjà trop dans le pays. Je vous laisse maître, décidez ; mais sachez-le bien, si je n'ai qu'une parole, je n'ai aussi qu'une volonté; adieu.

V.

Pauvre Pierre ! Renoncer à Jeanne ou renoncer à ses chers enfants, qu'elle alternative ! Elle comprenait si bien son cœur ; tant de sentiments pareils les rapprochaient; elle était si pieuse et si dévouée, si rieuse et si active, elle rendrait un homme si heureux ! Mais eux, les chers orphelins ! Quoi ! Les abandonner à une mère sans entrailles, eux qui l'aiment tant, qu'ils regardent comme un père et cela après avoir juré à son frère mourant de le remplacer ! Ah ! la situation était affreuse ! Il connaissait Jeanne, il connaissait sa mère, ils savait qu'elles se soumettraient sans hésiter à ce qu'elles croiraient leur devoir et lui ! Lui, un homme, aurait-il moins de courage. Oserait-il réclamer la main de la jeune fille en commençant par trahir son serment ? mais vivre sans elle, une vie de travail et de privation, sans que jamais une bonne parole, un doux sourire vinssent l'encourager et le délasser de ses peines. — Mon dieu ! Mon dieu, se disait Pierre, qu'elle douleur ! Quel avenir ! Ah René, malheureux frère, pourquoi n'est-ce pas moi qui ai succombé dans la forêt sous les coups des gaheloux ? Oh ! mon triste cœur que vous me faites souffrir !.......

Cependant il fallait prendre un parti. Son cœur l'entraînait vers sa fiancée, mais chaque soir, lorsque revenu de l'ouvrage, recevant les caresses des enfants, il était témoin de la dureté de leur mère, le pauvre garçon ne pouvait se résoudre à trahir sa promesse et à les abandonner. Plusieurs fois, le bûcheron avait rencontré Jeanne sans oser l'aborder; de son côté la bergère se contentait de lui jeter un triste regard et passait son chemin. Vint un jour plus malheureux que les autres: on parla encore du mariage de Jeanne, mais ce n'était plus avec Pierre, on nommait un riche garçon du voisinage. Quand cette nouvelle lui arriva, Pierre crut qu'il allait mourir. Hélas ! Depuis longtemps en ce monde, on ne meurt plus d'amour !!

VI.

Huit ans s'écoulèrent. Pierre avait quarante ans, Jeanne près de trente-cinq ans; elle n'était pas mariée.

Par une belle matinée du mois de juin, les cloches de Bonneuil-Matours étaient en branle, la population réunie sur le plan attendait l'arrivée des mariés. Une émotion extraordinaire régnait parmi la foule, chacun racontait quelques traits de l'histoire de ceux qui allaient s'unir.

Au *Charbon-Blanc* se passait une autre scène. Pierre habillé de neuf, Pierre joyeux et rajeuni était entouré par tous les bûcherons de la forêt qui le félicitaient et qui s'étaient entendus pour faire les frais d'une noce immense.

Dans la chaumière une porte s'ouvrit, la mariée parut, grave et sérieuse, mais belle encore, plus peut-être que dans son printemps. Une jeune fille la suivait, sa nièce future, fraîche, gracieuse et rougissante de bonheur.

Cette jeune fille était l'enfant de René Braci; depuis un an elle avait perdu sa mère.

Elle s'avança et prenant Pierre et Jeanne par la main, tous trois vinrent s'agenouiller auprès d'une vieille femme et lui dirent :

— Ma mère !

Au souvenir de tant de souffrance et de courage, à la vue de tant de bonheur, les assistants sentirent des larmes mouiller leurs yeux.

Le curé de Bonneuil-Matours, un digne prêtre, unit Pierre et Jeanne, il leur dit quelques mots sortis du cœur :

— « Brave Pierre, pieuse Jeanne, le bonheur ne
» vient pour vous qu'à l'automne, mais bénissez
» Dieu qui vous le donne pour vous récompenser

» d'avoir accompli votre devoir. Vous avez travaillé
» pour le ciel, la Providence vous en tient compte
» ici-bas ; que ce soit une leçon pour tous ceux qui
» m'écoutent et qui vous entourent.

« Quas dederis, solas semper habebis opes » (1).

Et comme aucun des auditeurs n'entendait le latin, le bon curé ne se crut pas obligé d'avouer, que cette citation, un peu profane, était tirée d'Ovide.

---

(1) Les biens que vous donnez, sont les seuls qui vous restent.
(Voltaire).

IV.

CLAUDE

DE CHAUVIGNY

I.

La Fronde venait d'éclater, c'est-à-dire la dernière prise d'armes de la féodalité à son déclin; les princes, la noblesse, les parlements luttaient avec la puissance royale. Ainsi que l'a dit M. de St-Aulaire : « La » résistance à main armée contre l'autorité souve-

« raine était encore, lors de la minorité de Louis XIV,
» le droit commun de la monarchie. (1) »

L'intrigue, la ruse, la fourberie politique, faisaient partie de cette résistance. Anne d'Autriche, Mazarin, le prince de Condé, les ducs de Bouillon et d'Épernon, s'efforçaient de faire triompher leurs combinaisons; les parlements essayaient du pouvoir absolu; Mazarin de conserver l'omnipotence de son prédécesseur. Singulier temps que celui où une duchesse de Chevreuse, un abbé de Gondi, un Broussel soulevaient des masses populaires pour des intérêts qui ne les touchaient en rien. Guerre de plumes, de chansons, de railleries et pourtant de coups d'épée; triste guerre qui armait des compatriotes les uns contre les autres, et qui le jour des barricades aurait peut-être perdu la monarchie, si Henriette d'Angleterre, pauvre femme habituée au malheur, ne se fut jetée aux pieds de la fière Anne d'Autriche et n'eut vaincu sa résistance en face d'un peuple révolté et furieux.

Le parti du roi, le parti du parlement, le parti des princes et des *importants* nouaient, dénouaient et renouaient chaque jour des intrigues où des hommes ambitieux et médiocres acquéraient une influence que les plus habiles exploitaient à leur

---

(1) Histoire de la Fronde, Paris 1827. 3 vol. 8°.

profit. Blancmesnil et Broussel servaient de drapeau au parlement ; Beaufort était le roi des halles, l'idole d'un peuple, heureux de se moquer de ses ministres, de chanter des Mazarinades et de s'émanciper, sans prévisions et sans arrière-pensées de l'avenir.

L'esprit qui animait le cardinal, la duchesse de Chevreuse, l'abbé de Gondi, avait pénétré dans toutes les classes. On parlait, on chantait, on intriguait. De tout cela il sortait de singuliers résultats ; la société s'amusait à combiner des scènes de vaudeville qui parfois tournaient au drame; on sifflait les mauvais acteurs et on les oubliait : quant aux bons, d'abbé de Gondi ils devenaient cardinal de Retz.

C'est au milieu de cette fermentation et de ce mouvement que prit naissance la singulière histoire des seigneurs de Chauvigny, réclamant leurs héritages : tantôt reconnus, puis dépossédés, bigames sans l'être et dont l'un, le vrai ou le faux, ce qu'on n'a jamais bien su, finit par être pendu en effigie.

II.

Paris était fort en désordre, la justice se trouvait suspendue. Le parlement ne siégeait plus, un soir que le cabaret de la Ville-l'Évêque paraissait plus rempli qu'à l'ordinaire. A cette époque un cabaret n'était pas un lieu deshonnête : Chapelle, Boileau, La Fontaine ne dédaignaient pas de s'y réunir; les grands seigneurs y faisaient ripaille, l'ivresse était permise, l'esprit de bon aloi et les coups d'épée aussi. On chantait le Mazarin, on s'injuriait, on causait du parlement et on se battait au nom de madame la Reine. Au milieu du bruit, du pêle-mêle et du cliquetis des rapières, les intrigues allaient leur train, chacun songeait à sa fortune. Alors comme aujourd'hui, le monde était égoïste, ambitieux et méchant.

Dans un coin de la vaste salle basse, toute pleine de buveurs, se trouvait une table éclairée par des chandelles fumeuses et garnie de quatre ou cinq personnages, qu'on aurait pu traiter d'ivrognes à considérer leur physionomie et le nombre de bouteilles qui s'empilaient au milieu d'eux. La conversation allait fort en désordre, comme il convient à des gens qui ont trop bu, chacun parlait ensemble et commençait à révéler ses secrets ou à épancher son cœur. Un officier, un racoleur et deux ou trois sergents aux gardes formaient un concert très-énergique, mais fort peu harmonieux. Après de nombreuses divagations, l'attention se fixa définitivement sur un récit extraordinaire que l'officier développait à ses compagnons. Comme il se lie à la narration que nous avons à faire à nos lecteurs, nous allons le reproduire en l'abrégeant.

— Vous savez, dit Michel Feydy, (c'était le nom que prenait alors le lieutenant du régiment d'Harcourt), qu'il y a un mois j'ai tenu garnison en Normandie.....

— Le pays des pommes et des voleurs....

— Des normands, c'est tout dire. Mais si le vin y est rare et la bonne foi aussi, les filles y sont fraîches et gentilles et pas plus trompeuses qu'ailleurs. J'étais donc en garnison à Rouen et la ville et ses habitants m'ennuyaient fort. Ma bourse était vide, mon estomac à jeun et mon gosier sec. Que faire sans monnaie? Se promener? J'en avais trop; cracher dans la Seine? C'est monotone; tirer des carottes aux bourgeois? C'étaient.....

— Des normands !

— D'accord. A bout donc de distractions en projet

et d'ennui en réalité, je me mis à fréquenter les églises, assistant aux offices et dormant aux sermons aussi bien que dans mon lit. Ma vie si sainte devait porter ses fruits......

— Des pommes ?

— Non...., la connaissance d'une vieille bonne femme qui m'aurait peu séduit, si elle n'avait pas été accompagnée d'ordinaire d'une charmante fille de dix-huit ans. aux grands yeux noirs, aux cheveux cendrés, à la bouche rose et rieuse, taille souple comme une baguette de noisetier, jolis pieds, mais petits.....

— A faire damner, morbleu !

— Non, morbleu ! à vous sauver de l'ennui, du dégout de la vieille et des amères pensées d'une bourse vide. Chaque jour je la voyais à la messe, je lui offrais l'eau bénite et mes yeux lui chantonnaient une kyrielle, plus longue que celle de l'officiant, de fleurettes, d'adorations et de *m'amours*. Il me semblait que leur rhétorique n'était pas perdue ; le regard, mes enfants, a ce mérite qu'il parle toujours au gré de celui qui l'accepte. J'avais suivi la belle, je savais qu'elle demeurait proche l'église St-Ouen, qu'elle était fille unique, riche, fort gâtée et que toute sa famille se composait de la bonne vieille femme, sa mère. Hein ! quelle chance ; libre, jolie, riche, c'était un coin du paradis....

— Gare la pomme !

— Eh ! ventrebleu, Beauminet, tu répétes toujours la même bêtise. Bref, mes fils, je fus un jour assez heureux pour rendre service à la vieille. Au moment où elle sortait de l'église, on marcha sur la queue de sa robe, qui s'était décrochée de sa poche, et la bonne femme courait la chance de casser sa dernière dent sur le pavé de la nef, lorsque je la reçus entre mes bras. Cela me fit plaisir; oui, riez, mauvais soudards, riez, mais sachez que dès lors on me traita en ami. J'eus le droit de porter le carreau et le missel, d'aller le chercher à la maison et de le rapporter. Digne maison où tout était propre, luisant, pimpant, gras, dodu, cossu, sentant sa jeune fille et sa dévote, c'est-à-dire ornée de fleurs et de confitures, de beaux fruits et de chapons rôtis, de crème onctueuse et de vins délicieux. Je fis ma cour, on m'écouta, voilà où commencent mes malheurs.

— Tiens, cria le chœur d'ivrognes, la vieille était donc jalouse ?

— Non, une sainte femme toute confite en massepains et en oremus.

— La poulette t'envoya faire lanlaire (1).

— Elle m'aimait, j'en obtins l'aveu au bout de huit jours.

(1) Refrain d'une Mazarinade, ou chanson contre le cardinal Mazarin.

— Tu te saoûlas la veille de la noce ?

— Eh non, morbleu, méchands pochards ; j'étais plus sage que vous, je jouais au naturel l'amant timide, tendre, innocent, car mon cœur était pris ; mais ce n'était pas assez: il n'y avait rien à espérer sans le mariage et lorsque je prononçai ce diable de mot, on me fit entendre nettement qu'il n'y fallait songer que si je possédais quelque chose. Le fait était embarrassant ; j'avais mes épaulettes, l'estomac creux et un oncle d'une digestion difficile. Je parlai de mes espérances de ce côté, on exigea du positif. Il fallait capituler...... capituler, entendez-vous, camarades, devant deux beaux yeux noirs qui lançaient des flammes et en présence de la vieille dent de la bonne femme, fort disposée à me la montrer si je ne produisais pas de bons titres de propriété ou de bons contrats de rente.

— Ah, ah ! tire-toi de là, chanta le chœur.

— Je demandai un congé. Je vins à Paris, je vis l'oncle ; il m'envoya au diable, moi et mes paroles d'amour. Revenu à Rouen, fort triste, je n'osais plus me présenter chez mon infante, lorsqu'un jour je la rencontrai avec sa mère laquelle me fit signe de m'approcher d'elles et me dit d'un air gracieux :

— J'ai réfléchi, seigneur officier ; vous plaisez à ma fille et ce que vous avez dit avant-hier de votre famille.....

— Avant-hier, madame, je n'ai pas eu l'honneur...

— Ne m'interrompez pas, votre nom, votre avenir, les papiers que vous nous avez montrés.....

— Les papiers !.....

— Oui, ces papiers qui vous assurent la seigneurie de Chauvigny.

— La seigneurie...... madame !

— Me suffisent; et vous pouvez considérer votre recherche comme agréée.

Que diable voulait dire la vieille ? Je n'y comprenais rien. Depuis quinze jours je ne l'avais pas aperçue et l'avant-veille elle prétendait que je lui avais montré mes papiers de famille. Elle me faisait seigneur de Chauvigny et jamais je n'ai possédé un pouce de terrain. Était-ce une mystification, était-elle devenue folle ? Je me perdais dans mes conjectures, mais je ne fus pourtant pas assez sot pour la détromper ; je recommençai mes visites et les préparatifs de noce allèrent leur train.

Huit jours avant le mariage, j'étais fort embarrassé pour offrir les présents d'usage à ma fiancée, lorsqu'un soir, en arrivant chez elle, je trouvai la maison en rumeur. Les parents réunis, les jeunes filles en groupe se mirent à mon entrée à chanter mes louanges ; on eut dit des vingt-quatre violons de Sa Majesté jouant de concert. Sur la table, sur les bahuts, sur chaque chaise étaient étalées des robes de soie ou de velours, des broderies, des guipures, des boucles et des colliers d'or. On m'entoura, on me complimenta sur mon goût et sur ma magnificence; ma promise me serra les mains avec ardeur... c'était moi qui avais envoyé toutes ces belles choses. Je me donnai au diable de bon cœur.

Le lendemain je voulus avoir une explication avec elle. — Pourquoi revenir là-dessus, me dit la belle ? Ne vous trouvez-vous pas heureux des bontés que j'ai eues pour vous ce matin. Ah! Michel, vous êtes bien ingrat et moi bien faible, mais mon excuse est dans mon amour.

La situation se compliquait, les explications étaient scabreuses, qu'auriez-vous fait à ma place, les amis ?

— Je l'aurais plantée là.

— Je l'aurais fait parler, morbleu !

— Non, ventrebleu ! Je l'aurais tuée, crièrent les voix avinées du chœur.

—Paroles d'ivrognes, reprit Michel; j'étais engagé, cette jeunesse me tenait au cœur, je me tus et je continuai mon rôle. Vint enfin le grand jour du mariage. La vieille se trouva malade et la noce dut se passer chez un cousin qui avait généreusement offert sa maison. Lorsqu'arriva le tabellion, j'écoutai la lecture du contrat avec une nouvelle surprise: on m'y baptisait des noms de Claude de Verré ou de Verlé, seigneur de Chauvigny et autres lieux ; je le laissai dire, et, ma foi, le curé de St-Ouen bénit notre union, ce brave curé dont les sermons m'avaient fait si souvent dormir.

Le soir il y eut grand repas; jamais je n'avais vu Marie Dauplé aussi jolie. On dansa, j'avais bu pour m'étourdir, je me lançai comme une arquebusade au milieu des quadrilles. Les entrechats, les gargouillades et le reste allaient leur train, lorsqu'au milieu de la nuit, dans l'intervalle d'une contredanse, je m'aperçus que la mariée avait disparu. J'interrogeai les parents, les amis, on me rit au nez. Mille cartouches ! camarades, j'avais perdu ma femme. Je crus à une farce; je visitai la maison, rien ; je questionnai les domestiques, *brrrrout,* aucun ne savait ce que je voulais dire. La colère m'empoigna, j'assommai quatre ou cinq danseurs qui s'amusaient de ma mésaventure, j'arrachai le bonnet d'autant de danseuses et bientôt le bal devint une affreuse bagarre remplie de cris, d'injures et de vociférations.

Au milieu de la bataille, une idée me vint. Marie fatiguée était sans doute retournée chez elle ; je me mis alors à courir comme un fou et bientôt j'étais à la porte de sa maison. Je frappai; il était deux heures du matin, la nuit fort noire, on ne voyait aucune lumière, personne pour m'ouvrir; la colère me reprit, je frappai de nouveau, j'appelai, je fis un bruit d'enfer. Enfin arriva une servante qui, par une croisée, se mit à me dire des injures. Je lui demandai ma femme, elle m'envoya promener ; depuis deux heures Marie était rentrée avec moi, avec moi, entendez-vous et j'étais un misérable et un ivrogne que le guet allait ramasser si je ne cessais pas mon tapage. C'était verser de l'huile sur le feu, ma femme rentrée depuis deux heures avec son mari, tandis que je grelottais à la porte et qu'on me traitait d'ivrogne et de mal appris ! J'étais joué, bafoué, volé, ma fureur ne connut plus de bornes. Au charivari infernal que je fis, tous les voisins se levèrent, les malédictions tombèrent sur ma tête, le guet fut averti et malgré mes cris, mes raisons et mes menaces, il me fallut aller coucher en prison, oui, en prison le jour de mes noces !

— Ah, ah, ah ! bonne nuit, Michel, hurla le chœur des sergents aux gardes.

— Michel ne répondit rien d'abord, sa tête s'était appuyée sur la table et il ne s'aperçut pas du mouvement qui se faisait dans la salle autour de lui. Lorsqu'il la releva, une larme de colère, une larme d'ivrogne tombait de ses yeux ; le rire de ses compagnons devint plus bruyant. Au lieu d'exciter l'intérêt ou la sympathie, Michel n'avait fait qu'éveiller leurs railleries et leurs épigrammes.

— Et que devint madame Michel, dit le racoleur.

— Ce qu'elle devint, sang et damnation ! reprit

l'officier, le sais-je moi? Le lendemain, le colonel se faisait raconter l'affaire du tapage nocturne et, sans vouloir m'entendre, me consignait pour quinze jours. Au bout de ce temps, une plainte était déposée contre moi par un imbécile de bourgeois qui prétendait que je lui avais cassé un bras, deux dents et enfoncé trois côtes; le total me valut l'ordre de quitter Rouen sur-le-champ et de rejoindre une compagnie du régiment, détachée en Anjou. Je suppliai vainement qu'on m'accordât quelques jours de liberté, je ne pus rien obtenir; on me conduisit jusqu'à Pont-de-l'Arche en me prévenant amicalement que je serais dégradé et peut-être fusillé, si je me permettais de revenir.....

— Et vous ne l'aviez pas volé, dit une voix sonore à côté de la table des buveurs.

Ceux-ci tournèrent les yeux vers ce nouvel interlocuteur et demeurèrent frappés d'une extrême surprise.

Debout, vis-à-vis de Michel, le regardant en face, se trouvait un autre lui-même. La physionomie, la voix, la tournure étaient si absolument semblables qu'on aurait pu croire qu'un miroir renvoyait cette image. Frappé comme les autres, Michel Feydy resta la bouche ouverte, les yeux fixes, en proie à un sentiment singulier de surprise et peut-être de terreur.

— Oui, reprit l'inconnu, l'homme qui, sans motifs que celui de satisfaire ses passions, sans droits, sans titres s'efforce de tromper une jeune fille et cherche ensuite à la compromettre et à la perdre, mérite qu'on le punisse comme un misérable, comme un faussaire, comme un aventurier.

— Est-ce à moi que s'adressent ces insolentes paroles ? dit Michel en se levant, mais avec un peu d'hésitation et d'embarras.

— A vous, s'écria son sosie. Le récit que vous venez de faire n'est qu'un mensonge. Pendant que vous étiez à Rouen, vous avez essayé de m'enlever ma fiancée par vos histoires et vos fourberies; vous avez profité d'une semaine où j'étais absent pour usurper ma place et mon nom et vous auriez payé cher une telle audace, si vous n'aviez pas fui lorsque tout allait se découvrir, la nuit même où je revins assez à temps pour arracher Marie Dauplé à une semblable infamie !

— Vous, c'était donc vous, hurla Michel qui était devenu livide de colère ! Ah ! misérable, c'est vous qui m'avez volé ma femme et vous me jettez l'injure à la face. Tremblez ! Tout votre sang ne pourra jamais effacer un aussi monstrueux outrage.

Michel en disant ces mots tira son épée et, renversant table et bouteilles, voulut se jeter sur son adversaire. Les trois sergents aux gardes l'arrêtèrent, le retinrent, pendant que le racoleur, allant de l'un à l'autre, portait les paroles suivantes : — Infâme ! — Brigand ! — Je te tuerai ! — Je te couperai en morceaux ! — Jusqu'à ce qu'enfin on fut convenu qu'une rencontre aurait lieu le lendemain matin à la porte St-Antoine avec l'épée et le poignard.

Les conditions du duel arrêtées, l'inconnu qui portait le costume militaire d'enseigne, jeta un regard dédaigneux sur le groupe aviné et se retira, le chapeau sur l'oreille, sans daigner saluer ceux qui l'entouraient.

Après un peu de confusion et de désordre, les trois sergents, l'honnête racoleur et Michel se remirent à boire. Il fut vidé tant de bouteilles que la tendresse devint générale. Michel serra un sergent sur son cœur en l'appelant sa chère Marie; le sergent voulut lui montrer une botte secrète et roula sous la table; le sensible racoleur pleura en pensant qu'un si noble officier, un si brave gentilhomme serait peut-être mort le lendemain et par conséquent ne pourrait plus lui verser à boire.

III.

Le lendemain au petit jour, Michel Feydy, sieur de Laurelerie, accompagné d'un autre officier au régiment d'Harcourt et d'un sergent aux gardes, se dirigeait derrière les remparts, vers la porte Saint-Antoine. Michel était pâle de l'orgie de la veille et semblait soucieux. On marchait vite, sans échange de paroles ; chacun était armé d'une énorme rapière et le sergent Beauminet, vieux sacripant qui avait fait la guerre un peu partout, sifflottait entre ses moustaches rousses un petit air sautillant. Pour lui, évidemment l'affaire possédait un certain charme : sa large figure, son nez rubicond, ses petits yeux gris trahissaient l'espérance et la satisfaction d'un homme rompu à ces sortes de rencontres, si communes et même si recherchées alors. Il faut lire dans Brantôme à quoi tenaient, dans son temps, les querelles et comme on s'en tirait gaillardement, en tuant son homme, en estropiant les témoins, en faisant, en un mot, d'une affaire particulière, un massacre général. Il y a surtout un certain baron de Vitaux, grand ami de cet historien, qui, pour sa part, avait occis des familles entières. Ce terrible gentilhomme tuait, se sauvait, revenait, tuait encore et ainsi de suite, à son honneur et gloire. (1)

Lorsqu'on parvint au lieu du rendez-vous, on aperçut de loin trois personnes roulées dans leurs manteaux, qui paraissaient attendre. A leur vue, Michel s'arrêta et ses deux témoins s'avancèrent. On en fit autant de l'autre côté et, après un salut militaire, la conférence commença.

Il n'était pas question à cette époque, comme dans les duels à l'eau de rose de nos jours, d'arranger une affaire, de pousser les adversaires dans les bras l'un de l'autre et, pour me servir de l'expression reçue, de plumer les canards. Les rencontres paraissaient chose sérieuse. Aussi, sans les longs préambules qui précèdent maintenant ces sortes de comédies, Beauminet et le témoin de la partie adverse mesurèrent les épées, firent plier les lames et choisirent un emplacement uni, où chaque combattant pût jouir également de sa part de soleil. Ces préliminaires accomplis, les deux ennemis s'avancèrent et furent entourés par leurs témoins qui leur remirent les rapières, les débarrassèrent de leurs casaques et formulèrent quelques conseils de ruse ou d'escrime.

— Voyez-vous, disait Beauminet, en déboutonnant

---

(1) Brantôme, discours sur les duels. Tom XI, édition de 1769.

le gilet de Michel, il fait bon que chacun découvre sa poitrine et montre son cœur; outre que cela donne de l'air et empêche de s'échauffer, on juge du premier sang et on évite ce qui arriva au baron de Vitaux avec le sieur de Railland, qui portait sous sa casaque une légère cuirasse peinte en couleur de chair, de quoi la pointe de l'épée du baron fut faussée..... (1) mais des estocades il vint aux estramaçons et il le tua, comme il avait tué son père...... Eh bien ! donc, que faites-vous ? Comment ! Oter votre ceinturon de buffle ! Maugrebleu ! Ne savez-vous pas que cela préserve votre ventre où une diable de piqûre peut être mortelle...... donnez-moi votre mouchoir; bon. Roulez-le autour de votre garde, ceci sauve des coups de manchettes. Le capitaine Cobios n'eut pas été blessé sur le pont du Pô à Turin, s'il avait..........(2) Allons, allons, pas d'impatience; vous commencerez tout-à-l'heure : il me reste une petite formalité à remplir.

Se tournant alors vers les témoins de l'adversaire de Michel, le seigneur Beauminet fit deux pas en avant, un pas en arrière, et, portant militairement la main à son tricorne, il frisa gravement sa moustache, et dit :

---

(1) Brantôme. Tom. XI, p. 138.
(2) Id., id., p. 160.

— Vous plairait-il, messieurs, nous accorder le petit contentement d'échanger quelques passes avec vous; ce serait trois contre trois, à partie liée, mais sans secours, et chacun pour son compte?....Non!.... ventrebleu! vous n'êtes guère complaisants, et nous allons avoir l'onglée pendant que ces enfants se donneront du plaisir.

Ce que le Reître appelait se donner du plaisir, s'engagea immédiatement. Michel tomba en garde, haut la main, couvert et comme un homme qui possède la salle d'armes et l'expérience du terrain. A sa pâleur avait succédé une teinte colorée et un aplomb qui réjouirent ses témoins, car le sieur Beauminet témoigna sa satisfaction par un de ses plus beaux jurons, un geste de la main, comme s'il tenait l'épée, et un hum! Fortement articulé, qui prouvait le contentement et une solide poitrine. L'enseigne était pâle, sa figure expressive, contractée, annonçait la colère; il se jeta avec ardeur sur son adversaire, et son jeu audacieux, brouillé, inégal, parut déconcerter celui qu'il attaquait.

Pendant la première passe, le froissement des fers et quelques petits cris poussés par Michel, furent les seuls incidents de ce drame dont la conclusion devait être sanglante. Par un commun accord, les deux adversaires firent chacun un pas en arrière, s'appuyant sur leurs épées et se jetant des regards de fureur. Beauminet paraissait, au contraire, dans la jubilation, les jambes ouvertes, les mains fourrées dans sa ceinture, il passait le bout de la langue sur ses lèvres, comme un homme se délectant d'un si doux spectacle; sans doute, le digne sergent allait reprendre sa proposition d'un petit duel à trois, lorsque l'affaire recommença entre les deux combattants.

Au premier engagement, Michel n'arriva pas assez vite à la parade, et sur une feinte de seconde, il eut l'épaule traversée par la pointe ennemie; son bras fléchit, mais se releva aussitôt. Rompant alors deux pas, il fit un appel, et attendit que le fer de l'enseigne vint croiser le sien. A peine celui-ci était-il à distance, que, se couvrant du bras gauche et marquant une quarte basse, Michel arriva, p ar un bon, jusque sur lui; son épée ayant manqué le corps, la garde frappa violemment le visage de l'enseigne qui trébucha en cherchant à se maintenir. Dans ce moment, la main gauche de l'officier du régiment d'Harcourt, se leva, armée de sa dague italienne, et, avant que son ennemi eût pu se remettre en défense, elle le frappait en pleine poitrine et le renversait sanglant et inanimé sur le gazon.

A la vue de ce coup terrible et de l'écume rougeâtra qui vint aux lèvres du malheureux jeune homme, les témoins, jugeant qu'il avait succombé, se mirent à fuir chacun de leur côté, sans plus de souci de s'assurer si, en effet, il était bien mort. Les ordonnances sur les duels étaient déjà, dans ce temps, fort sévères, et si elles n'arrêtaient pas ces malheureuses rencontres, elles engageaient du moins les témoins à éviter des poursuites qui entraînaient l'exil ou la prison. Beauminet seul n'avait pas bougé, et pendant que Michel remettait sa rapière dans son fourreau et ramassait sa casaque, il se baissa rapidement sur le blessé pour opérer l'inspection de ses poches. De l'une, il tira sa bourse, qu'il fit lestement glisser dans sa ceinture; de l'autre, il enleva un rouleau de papiers, noués par un bout de ruban.

—Maintenant, marchons, s'écria-t-il, et preste; le voisinage d'un mort ne sent pas bon, et j'aperçois là-bas messieurs du Guet qui pourraient bien nous jouer un vilain tour. Nous avons les papiers de cette charogne; allons déjeûner, nous les lirons, et si le vin se laisse boire, morbleu! nous en viderons une bouteille à ses amours!

IV.

Quelques semaines après la scène tragique que nous venons de retracer, le régiment d'Harcourt se trouvait en entier sous les murs de la petite ville de Saumur qui, avait pris parti pour le prince de Condé, dans les troubles de la Fronde. Le siège n'était pas bien sérieux, et messieurs les officiers, dont Michel Feydy faisait partie, se divertissaient aux dépens des paysans du voisinage, et quelques soldats du roi, en chantant ou composant même des Noëls et des épigrammes contre le ministre-cardinal. Michel passait pour un joyeux compagnon, il administrait de la manière la plus plaisante du monde, des coups de houssine et de rapière aux vieillards et aux enfants. Un jour, au milieu d'une orgie, il versifia une mazarinade qui obtint un grand succès: nous n'en citerons qu'un couplet:

Monsieur le cardinal
Est un rude cheval,
Difficile à monter
Et méchant à ferrer ;
Mais si le parlement
    Branlant,
Le tenait en sa main
    De chien,
Monsieur le cardinal
Vaudrait moins qu'un cheval ! (1).

L'époque était aux satires, aux pamphlets, aux épigrammes. La petite Nichon du Marais, adressait des lettres à M. de Mazarin, et tout cela s'imprimait *avec permission*. La cour, la ville, le parlement qui, tour à tour, servaient de jouet aux écrivains, riaient, chantaient, et se moquaient, sans nul souci de leur dignité et de leur honneur.

Le régiment d'Harcourt, après la reddition de Saumur, continua d'occuper cette ville. La vie de garnison était alors à peu-près ce qu'elle est encore aujourd'hui, une existence de désœuvrement, d'ennui et parfois d'orgie. Michel, nous le répétons, passait pour bon compagnon, un peu brutal, un peu ivrogne, assez bavard, mais, au demeurant, le meilleur fils du monde. L'histoire de son mariage avait fait quelque bruit, et si on ne disait pas grand'chose de

---

(1) Paris, Jacques Guillery, 26 fév. 1649.

son duel, en revanche, on riait beaucoup de son heureuse nuit de noces. L'officier se prêtait à la plaisanterie, et le soir, à souper, lorsque ses camarades entonnaient la vieille chanson de la mère Michel qui a perdu son chat, avec variantes appropriées au malheureux époux, celui-ci faisait partie du chœur, et ajoutait toujours quelques lazzis à ceux qui pleuvaient de toutes parts.

Il se trouva qu'un jour où Michel était qualifié par ses camarades de seigneur de Chauvigny, un officier qui venait du Poitou et qui passait par Saumur entendit cette appellation dérisoire et n'en comprenant pas le sens, s'adressa à notre aventurier pour en avoir l'explication. Quoiqu'un peu gris dans ce moment, Michel, qui souffrait volontiers les épigrammes de ses camarades, n'était pas disposé à les accepter aussi facilement du premier venu ; il répondit avec hauteur, et sans doute une affaire allait s'engager, quand l'étranger qui semblait s'en soucier médiocrement, demanda à entrer en explication. On alla faire un tour au château et voici quel fut le résultat de la conversation.

Aux environs de Châtelleraud, existait un noble et antique manoir, la seigneurie de Chauvigny, possédée par la veuve de Guy de Verré ou de Veslé, veuve inconsolable, non de la perte de son mari, mais de son fils aîné, qui avait disparu depuis dix ans, sans que nul ait pu en donner des nouvelles. La dame de Chauvigny conservait bien un second fils du nom de Jacques, mais, à l'exemple de ce qui se passe souvent en ce monde, celui qui était présent n'obtenait pas une affection égale à celle que la mère portait à l'absent. Aussi Claude était-il l'enfant pleuré et désiré depuis si longtemps, l'enfant qu'on avait vainement cherché partout, sans que jamais on ait pu obtenir de ses nouvelles? Était-il, par droit d'aînesse, l'héritier des domaines de Chauvigny? Voilà ce que l'étranger voulait savoir, et ce que l'aventurier ne voulut pas expliquer. Une pensée germait depuis longtemps dans son esprit; les renseignements qu'il sût faire naître, les explications qu'il venait d'avoir, lui donnèrent une nouvelle consistance. Michel quitta brusquement son interlocuteur, et, au lieu de rejoindre ses camarades, se retira préoccupé et soucieux dans la modeste chambre qu'il occupait à Saumur.

Là, accoudé sur une mauvaise table, à la lueur fumeuse d'une lampe de campagne, il se mit à relire des papiers que sans doute il avait étudiés plus d'une fois; ces papiers n'avaient cependant pas une grande importance : ils consistaient en notes de dépenses faites par le sieur Claude de Verré, en instructions données par Guy de Chauvigny à son fils Claude, en une ou deux lettres d'amour, avec des projets de réponse; enfin, en un fragment d'une autre lettre écrite par la veuve du seigneur de Chauvigny à son fils bien-aimé.

Cette pièce, d'une lecture difficile, absorba longtemps l'attention de Michel. Il tourna la page, la fin en était maculée par une large tache de sang. A cette vue, un léger frisson fit trembler son corps et agita sa main. Michel laissa tomber le papier sur la table, et, renversant la tête sur le haut dossier de bois de son fauteuil, il tomba dans une profonde méditation. Les heures s'écoulèrent, la nuit était très-avancée et la lampe ne jetait plus qu'une lueur incertaine, lorsque l'officier sortit de sa longue rêverie. Il se leva pâle et chancelant, ramassa, avec un geste ardent, les papiers épars, et on entendit sortir de sa bouche ces paroles, prononcées à demi-voix, mais avec une sorte de frénésie.

— Le sort en est jeté...... Marié sous ce nom, meurtrier de mon rival, il faut que je devienne réellement seigneur de Chauvigny. A moi l'argent, les titres, la puissance, ou bien..... ou bien, la mort!!

V.

La veuve du seigneur de Chauvigny, comme celle du sire de Malborough, de piteuse mémoire, attendait toujours son fils et ne voyait rien venir. Montait-elle à sa tour ? Nous l'ignorons, mais ce qu'il y a de certain, c'est qu'elle n'aperçut pas le page, tout de noir habillé, apportant de funèbres nouvelles. Un matin, au contraire, un brillant officier faisant caracoler son cheval, franchit les portes du château, et demanda à parler à la châtelaine. Introduit dans les appartements, à la vue de la dame du lieu, il porta avec beaucoup de grâce sa main sur son cœur, tout en faisant une révérence qui sentait l'homme de cour, et ce qu'on appelait alors la coterie des *dangereux*. La conversation s'engagea, polie d'un côté, habile de l'autre, et côtoyant un terrain tout semé des fleurs du sentiment et du souvenir. Des phrases gracieuses, des réticences adroites, de tendres aspirations émurent la pauvre mère. Michel, car c'était lui, s'aperçut de l'impression qu'il produisait, il redoubla de séductions et de ruses, jusqu'à ce que la dame de Chauvigny, agitée, tremblante, croyant entrevoir la possibilité de retrouver dans cet étranger, si charmant et si singulièrement placé, un fils qu'elle appelait de tous ses vœux, celui qu'elle pleurait et qu'elle redemandait chaque jour aux pieds des autels, ouvrit son cœur et s'abandonna elle-même aux illusions si fréquentes chez ceux qui aiment. C'était ce qu'attendait notre aventurier; il joua la surprise, la crainte, l'émotion, il divagua un peu pour n'être pas trop sérieusement interrogé. Il retrouva dans sa mémoire, les phrases écrites par la tendre mère à son fils bien-aimé ; ses pleurs coulèrent. Enfin, dans un moment d'exaltation dont un acteur de talent aurait envié l'élan et le désordre, Michel tomba aux pieds de la pauvre femme, les bras tendus vers elle, avec ce cri suprême, ce mot qui pénètre au fond des entrailles......

— Ma mère......!!

Ce jour-là, Michel Feydy changea de peau, comme le serpent, son maître en fourberies, et de pauvre officier de fortune au régiment d'Harcourt, devint fils aîné et aimé d'une châtelaine, puissant seigneur de nombre de beaux domaines, et frère respecté d'un bon et doux jeune homme, Jacques de Verré, qui se prit à l'aimer avec la naïveté du jeune âge. Tout alla bien durant quelques mois; la pauvre veuve aimait son fils aîné de tous les trésors amassés depuis longtemps dans son cœur. Michel se montrait tendre, actif et même sobre. Il avait pris au sérieux son nouveau rôle; et, pour rompre avec le passé, il donna sa démission et consacra ses moments à visiter ses propriétés, à mettre en ordre ses affaires, et à rechercher l'amitié de ses nouveaux paysans. Personne ne douta de son identité. La vie d'aventures était plus commune alors que de nos jours, et, depuis les croisades, plus d'un noble seigneur était revenu du pays de l'inconnu, parfois même fort mal à propos, pour de pauvres veuves inconsolables au départ.

Si Michel eût possédé, ce qui est rare chez tous les hommes, surtout chez ceux de son espèce, l'esprit de conduite et de persévérance, peut-être serait-il resté à jamais en possession de la position qu'il venait de conquérir, mais l'ennui le prit au bout d'un certain temps et il devint insensible aux jouissances de la vanité et de la famille qui l'avaient touché d'abord. La dame de Chauvigny s'aperçut de sa tristesse, Jacques y prit part : on l'interrogea ; Michel n'aimait pas à répondre. On épuisa vainement les ressources du voisinage, de la chasse, des distractions que la campagne peut offrir; l'aventurier continua à montrer une physionomie soucieuse et ennuyée. Restait un dernier moyen qu'une mère ne prend jamais sans une certaine hésitation, le mariage. La pauvre femme en parla à celui qu'elle appelait Claude de Verré, en lui indiquant les partis qui pouvaient lui convenir. Le jeune homme repoussa d'abord ces offres et ces arrangements ; toutefois il finit par avoir l'air de les accepter par égard pour sa famille, mais en même temps il déclara n'admettre aucune des héritières dont on lui avait parlé. Le nouveau seigneur de Chauvigny se rappelait une gracieuse enfant qui lui était apparue pendant sa vie de garnison à Saumur ; il la savait belle, riche et de lignage. Son souvenir lui sourit et sa détermination fut prise. Le soir, Michel en parla à sa crédule mère, qui consentit en soupirant à ce voyage. Deux jours après, il partait en brillant équipage, les poches garnies d'argent et en société avec Jacques de Verré, celui qu'il appelait son frère. Le trajet fut heureux. On arriva à Saumur où la fortune de Michel, sa nouvelle position émerveillèrent ses anciennes connaissances. Le régiment d'Harcourt avait quitté cette ville, l'aventurier s'y trouvait plus à l'aise. Mais cette imprudence fut cependant la cause de tous ses malheurs.

VI.

Dans la position où était Michel, se présentant avec le nom et les titres de seigneur de Chauvigny, le succès de ses démarches auprès de la famille de la jeune personne qu'il avait remarquée ne laissait aucun doute, s'il parvenait à plaire. Sous ce rapport, nous l'avons dit, l'aventurier ne manquait pas d'esprit et d'habileté. Il savait se parer de qualités séduisantes; beau garçon, menteur hardi, comédien consommé, en fallait-il davantage pour toucher le cœur d'une jeune fille élevée auprès de ses parents et acceptant dans son inexpérience du monde l'apparence pour la réalité. Michel s'aperçut des progrès rapides qu'il faisait sur son cœur. Loin de trouver dans le sien des sentiments délicats, semblables à ceux qu'on lui témoignait, il ne songea qu'à entraîner mademoiselle Allard dans une passion ardente, dans des actions coupables, que les négociations d'un prochain mariage devaient, disait-il, autoriser. Il aimait cette jeune fille, mais sa nature perverse se plaisait dans le mal : triompher par son seul mérite lui semblait très-flatteur; d'ailleurs à chaque instant une révélation indiscrète pouvait rompre cette

union et alors qu'elle chance lui restait-il de réussir ?
Michel multiplia les séductions et les pièges. Il sollicita, il promit, il joua le désespoir, la pauvre enfant était faible, elle aimait ; elle succomba et bientôt n'eût plus rien à refuser à son amant.

Les suites de cette faute devinrent embarrassantes. Anne Allard se désespérait : Michel n'était plus le même. Au lieu de presser un mariage, devenu nécessaire, l'aventurier paraissait disposé à reculer, lorsqu'une circonstance inattendue vint mettre un terme à ses hésitations.

Après une scène assez vive avec sa maîtresse, il sortit un jour de chez elle d'assez mauvaise humeur. Comme les gens vivement préoccupés d'un sujet, Michel parlait et gesticulait en marchant, quand au détour d'une ruelle isolée, au moment où il jetait au vent ces mots cruels : — Morbleu ! Faire de sa femme sa maîtresse, ce serait trop sot pour Claude de Chauvigny.........

Une main se posa sur son épaule et une voix grave lui répondit :

— Claude de Chauvigny est un infâme, un assassin, un imposteur !!...

Une apostrophe aussi violente, tomba sur l'ancien officier comme un soufflet sur la joue ; il se tourna vivement, porta la main à la garde de son épée, disposé à venger l'insulte qu'il venait de recevoir, lorsque sa bouche, prête à vomir l'injure, resta ouverte, ses bras retombèrent inertes, ses yeux et toute sa physionomie, témoignèrent tout à la fois la stupéfaction et la terreur. Celui qui produisait un si prodigieux effet, était mal vêtu, il paraissait pauvre et souffrant; mais, son regard brillant, aigu, dominait l'homme qu'il venait d'interpeller, et il semblait s'y complaire. Après quelques minutes, il reprit ainsi, sans que Michel eût articulé un mot.

— Vous ne vous attendiez pas à revoir celui que vous avez assassiné et volé au faubourg St-Antoine; mais grâce à Dieu! mon tour est venu, et vous n'échapperez pas au sort qui vous attend.

— Je ne suis ni un assassin ni un voleur, dit Michel en balbutiant, je ne vous connais pas, mais vous m'en rendrez raison......

Son adversaire l'interrompit.

— Jamais!..... Vous êtes indigne de considération comme de pitié. Vous ne me connaissez pas, dites-vous, et vous m'avez volé mon nom et ma bourse, vous m'avez déloyalement frappé de votre poignard. Vous ne me connaissez pas......? Eh bien! moi je vous connais, je vais vous faire arrêter, je vais vous faire prendre, pour purger le monde d'un scélérat, d'un imposteur, d'un assassin.

Ces paroles, vivement accentuées dans la rue, attirèrent l'attention de quelques passants, frappés de surprise de rencontrer deux hommes d'une si complète ressemblance ; la position de l'aventurier devenait embarrassante ; une querelle amenait des témoins dangereux, une explication était préférable, mais elle semblait difficile avec un homme exalté, animé par la colère et le désir de la vengeance. Cependant le salut était à ce prix, il fallait sauver le scandale du moment, sauf à chercher ensuite les moyens de se débarrasser de ce revenant malencontreux. Michel recouvra son sang-froid, il fit quelques pas en avant et demanda à son adversaire de justifier les attaques dont il était l'objet.

— Des preuves ! s'écria Claude de Chauvigny, je devrais dédaigner de vous les donner, mais je veux vous montrer que je puis vous écraser, quand il me plaira, comme une vipère. Vous rappelez-vous votre honnête compagnon Beauminet, le sergent aux gardes ? il y a quelques mois, à son tour, il a reçu un coup d'épée qui lui a traversé la poitrine, j'étais là par hasard lorsqu'on l'a rapporté dans une échoppe. Sa vie allait s'éteindre ; stimulé par les remords, au milieu de beaucoup d'autres crimes, il a confessé la part qu'il avait prise à votre assassinat. La bourse, les papiers, vous m'avez tout volé ; j'ai fait rédiger sa déposition, je l'ai fait signer par les témoins et maintenant que vous êtes en mon pouvoir, maintenant que je sais par vos anciens camarades, les officiers du régiment d'Harcourt, que vous avez usurpé ma place dans l'affection d'une mère, mes droits à l'héritage de mes aïeux, ne croyez pas m'échapper; non, je ne serai plus victime d'une querelle, mais la justice me vengera.

Rapporter ce qui suivit, nous entraînerait dans de trop longs développements; Michel essaya de se justifier sans pouvoir y parvenir. Il lui fallut confesser une partie de son histoire, qu'il altéra suivant les besoins de sa cause. Lorsqu'il en vint à son amour pour Anne Allard, il s'arrêta; mais pressé de questions par un homme qui semblait en savoir presque autant que lui, il se vit obligé d'avouer ses projets de mariage, la faiblesse de la jeune fille et son irrésolution actuelle. A cet endroit de son récit, l'imposteur fut interrompu, Claude de Chauvigny lui saisit le bras, le fixa longuement sans parler et parut profondément réfléchir. — Je consens, dit-il enfin, à surseoir à ma vengeance et à ne pas vous démasquer à l'instant même, mais écoutez bien mes conditions. elles sont irrévocables et si vous manquez à les accomplir exactement, sachez que moi je ne retarderai pas d'une heure ma vengeance, ne l'oubliez pas. les voici :

1º Vous allez me remettre tout l'argent que vous possédez;

2º Vous quitterez Saumur dans une heure, sans

avoir prévenu votre maîtresse; vous me laisserez vos habits, votre épée et les choses dont vous vous servez habituellement;

3º Demain, vous serez à Chauvigny, vous verrez ma mère, vous lui parlerez de ce mariage; ne l'oubliez pas, j'y tiens, je le veux......

4º Enfin, tous les mois, au troisième dimanche, comme aujourd'hui, vous viendrez à Saumur, me rendre compte de votre conduite, et m'apporter l'argent de mes fermiers et tenanciers........ Vous avez entendu, à vous de vous soumettre et de choisir; la justice ou l'obéissance la plus absolue. Un jour de retard, un seul essai de trahison et vous êtes perdu, perdu pour toujours !.......

Que faire ? Comment résister ? Le déshonneur ou la richesse, l'avenir avec ses chances imprévues ou le présent avec sa certitude écrasante; dans une semblable condition, qui eut hésité ?..... Une heure après, Michel portant un nouveau costume quittait la ville, accompagné de Jacques de Verré, son prétendu frère.

Resté seul à Saumur, on devine quel rôle Claude de Chauvigny se mit à remplir. Le soir, il était chez Anne Allard qui, trompée par la ressemblance, l'accueillait sans soupçons avec cette indulgence que les femmes ont toujours pour ceux qu'elles aiment. Le lendemain, il parlait mariage, il la rassurait sur l'avenir, il s'adressait aux parents et il obtenait leur aveu. Au bout de huit jours, les bancs étaient publiés, le notaire prévenu, et lorsque Claude à son tour, sous prétexte d'aller communiquer à sa mère ces arrangements pour son bonheur, quittait la pauvre fille; elle lui avait rendu toute sa tendresse, et livré de nouveau tous les trésors de son cœur et de son amour.

VII.

Ici finit la légende et commence l'histoire; nous empruntons ce qu'il nous reste à raconter à la volumineuse publication de M. Champagnac, intitulée : « Chroniques du crime et de l'innocence (1). »

Michel revint à Chauvigny auprès de celle qu'il traitait de mère, il redoubla de soins et de tendresse, et finit par lui faire l'aveu des relations qu'il avait nouées à Saumur avec Anne Allard. Elle était belle, riche, d'un heureux caractère, elle assurerait, disait-il, le bonheur de ceux avec qui elle vivrait. La châtelaine consentit. L'aventurier fit plusieurs voyages à Saumur; lorsqu'il apprit ce qui s'était passé pendant son absence, il hésita de nouveau. Une entrevue

(1) Paris, Ménard, 8 vol. in-8°. — Tom. 2.

avec Claude de Chauvigny, qui fut exact au rendez-vous donné, le décida. Ce mariage lui était imposé, il est vrai, mais sa famille était avertie, la pauvre mère allait arriver, et d'ailleurs il conservait une position laborieusement conquise....... Michel se résigna en rêvant aux moyens de consolider l'avenir.

Le 16 mars 1653, la cérémonie eut lieu, le contrat fut signé par madame de Chauvigny et par Jacques de Verré. Beaucoup de parents y assistèrent, le sieur de Piedfélon, frère de la prétendue mère de Michel refusa seul d'y paraître. Jusque là il s'était défendu de le reconnaître ; on verra plus tard qu'il contribua à le démasquer.

L'imposteur avait hâte de quitter Saumur, on en comprend la raison ; peu de jours, après on était à Chauvigny. Au bout d'un mois, fidèle à ses engagements, il arrivait à Saumur pour satisfaire son créancier inexorable ; mais ce fut en vain qu'il l'attendit plusieurs jours, Claude de Chauvigny ne parut pas.

Durant une année, Michel s'astreignit chaque mois à faire le même voyage ; ce fut toujours sans résultat, Claude de Chauvigny était introuvable. Nulle part, il n'avait laissé de traces et les informations n'apprirent rien sur son sort. Une fois, l'aventurier crut saisir le fil qui pouvait le guider dans ses recherches ; après de nombreuses démarches faites avec toute la prudence que commandait la situation, il se trouva que ceux qu'il interrogeait lui rirent au nez comme à un mauvais plaisant, prenant des renseignements sur lui-même.

Michel respirait, il se voyait délivré pour toujours de son homonyme. Deux enfants naquirent de son mariage avec Anne Allard. Il fit embellir le château, améliora ses affaires, et vécut en châtelain avec cette grande et large aisance, pauvre de luxe mais riche de bien-être matériel, telle qu'on la pratiquait alors.

Sa fortune cependant était à son zénith, un gouffre s'ouvrait sous ses pieds, encore un jour et il devait s'y engloutir.

Un soir d'hiver que l'orage tourbillonnait dans les airs, un pauvre diable souffrant, blessé, couvert d'habits de soldat en lambeaux, se présenta à la porte du château de Chauvigny et fut accueilli dans les cuisines. Il demanda à parler à la veuve de Guy de Verré, qui descendit pour lui remettre quelques secours, mais il refusa de les accepter.

— Vous aviez deux fils, lui dit-il.

— Je les ai encore, répondit la châtelaine.

— Vous vous trompez, madame; l'un deux, l'aîné, celui que vous pleuriez, celui que vous croyiez avoir perdu et à qui vous avez rendu toute votre tendresse, lorsqu'il s'est présenté à vous, est un imposteur...... votre fils, votre véritable fils, Claude de Chauvigny... c'est moi !

— Vous, malheureux.

— Moi, oui, moi, qui peux vous rappeler toutes les circonstances de mon enfance, qui vais vous nommer tous les membres de notre famille ; moi qui possédais les lettres que vous m'écriviez il y a dix ans, et dont l'imposteur que vous avez accueilli m'a dépouillé en m'assassinant. Regardez, malgré mes misères, ne me reconnaissez-vous pas ?......

Voyez, ajouta-t-il, en découvrant son cou, voyez cette brûlure qui m'a frappé d'une marque indélébile dans mon jeune âge. Claude de Chauvigny, je vous le répète, votre fils, votre véritable fils, c'est moi. L'autre, n'est qu'un misérable, un bigame, un être indigne de porter notre nom.

La pauvre mère poussa un cri et perdit connaissance. Les domestiques s'empressèrent, un grand bruit se fit dans la maison ; Anne Allard, Jacques de Verré, Michel Feydy accoururent et les deux ennemis se trouvèrent de nouveau en présence.

Nous ne décrirons pas la scène de violence qui s'ensuivit, nous avons hâte de terminer un récit qui n'offre plus d'autre intérêt que celui des causes judiciaires, si longues et si compliquées sous la juridiction des anciens parlements, qu'il arrivait souvent qu'une affaire commencée par une génération ne recevait de solution qu'à la fin d'une autre.

Revenue à la vie, la dame de Chauvigny entourée

d'une famille qu'elle aimait, ne put se décider à voir dans l'homme qui réclamait la tendresse d'une mère, qu'un vagabond indigne de croyance et de considération.

Michel Feydy n'avait à opposer que le mépris et la colère. Fort de sa possession, des sentiments qu'on lui témoignait, il fit jeter à la porte du château son véritable propriétaire, et le malheureux qui aurait dû trouver dans sa famille le bonheur, la fortune, la considération, fut obligé cette nuit-là d'implorer la pitié publique et de se contenter d'une étable qu'elle ne lui ouvrit qu'en hésitant.

VIII.

Un mois plus tard, une plainte était déposée au lieutenant-criminel de Saumur, elle accusait Michel :

1º D'avoir assassiné et volé Claude de Chauvigny ;

2º De s'être emparé du nom et de la possession dudit Claude ;

3º Et du crime de bigamie.

Le lieutenant-criminel procéda à des interrogations et à des confrontations, les résultats le laissèrent dans le doute et l'hésitation.

La pensée lui vint de réunir les parties, d'appeler les parents et particulièrement le sieur Piedfélon, frère de la dame de Chauvigny. D'avance, il s'était assuré que celui qui avait rendu plainte n'avait jamais eu de communications avec lui et qu'ils étaient totalement étrangers l'un à l'autre.

A peine tout ce monde fut-il en présence, que Claude de Chauvigny se jeta dans les bras de son oncle et qu'il en fut reconnu. Leurs larmes se confondirent, ajoute M. Champagnac (1).

On instruisit contre l'époux d'Anne Allard. Les officiers du régiment d'Harcourt furent entendus; ils racontèrent le duel, ils parlèrent du mariage de Rouen, ils attestèrent que leur ancien camarade s'était toujours appelé Michel Feydy, sieur de Leranderie.

D'autres témoins vinrent constater l'identité du soldat. Il avait été connu par eux, comme enseigne, sous le nom de Claude de Chauvigny; depuis, ils avaient servi ensemble, lorsqu'ayant perdu son grade, il s'était fait soldat, et ils expliquèrent sa longue absence par suite du malheur qu'il avait éprouvé, en étant fait prisonnier au siège de Valenciennes.

La vérité se faisait jour.

Par sentence du 21 mai 1657, le lieutenant criminel de Saumur, déclara le soldat aux gardes, être

---

(1) Champagnac, tome II, p. 169.

véritablement Claude de Verré, le remit en possession de tous ses biens, et condamna Michel Feydy à être pendu, comme atteint et convaincu du crime d'imposture et de supposition.

Michel Feydy se déroba par la fuite à l'exécution de ce jugement. Pour rendre son évasion plus sûre et plus facile, il mit sa femme dans son secret, l'assurant bien toujours qu'il était le véritable Claude de Chauvigny. Il lui remit sa procuration ; elle lui promit d'en faire usage avec tout le zèle dont elle était capable ; elle l'aida à enlever tous les effets propres à soulager la rigueur de son exil. Puis, il s'arracha de ses bras et disparut, sans que depuis on ait jamais entendu parler de lui.

La sentence du 21 mai 1657. donna matière, comme on le pense bien, à une série de contestations, que la justice seule pouvait terminer.

En vertu de cette sentence, le soldat, le véritable Claude de Chauvigny, se mit en possession de la terre de Chauvigny, et de tous les biens qui avaient appartenu à son père.

Anne Allard, munie de la procuration de son mari, interjeta appel au parlement de la sentence qui l'avait condamné ; mais en même temps, elle attaqua directement, et en son nom, la dame de Chauvigny et Jacques de Verré. Il est peu d'exemples d'une situation pareille à celle où se trouvait la dame de

Chauvigny. Cette tendre mère passe dix-huit années de sa vie à pleurer la perte d'un de ses enfants. Au moment où elle s'y attend le moins, le hasard lui présente un homme qu'elle prend pour ce fils si désiré. Elle se laisse surprendre par la tendresse, et l'adopte. Ce nouveau venu devient l'objet de toutes ses affections. Tout conspire à la confirmer et à l'entretenir dans cette douce erreur, et, il se trouve que cet homme n'est qu'un imposteur.

Mais se qui acheva de dessiller les yeux de plusieurs personnes, encore prévenues, ce fut l'apparition soudaine de la demoiselle Dauplé, première femme de Michel Feydy. Elle demanda à être partie intervenante au procès, et interjeta appel de la sentence qui condamnait son mari à mort; elle réclamait aussi à la dame de Chauvigny et à Jacques de Verré, une pension de cinq cents livres, et les arrérages, depuis que son mari l'avait abandonnée.

Les débats de cette cause furent vifs, animés, intéressants. Le parlement, par arrêt du 21 juin 1659, mit toutes les parties hors de cour. Le soldat aux gardes fut affermi dans sa possession du nom de Verré, et de tous les droits qui y étaient attachés. Les enfants provenus du mariage d'Anne Allard, attendu la bonne foi de leur mère, furent déclarés légitimes. La dame de Chauvigny paya des dommages et intérêts à Anne Allard.

Cet arrêt donnait à peu près raison à tout le monde; l'opinion publique se manifesta comme l'arrêt. Quelques-uns prirent parti pour le nouveau seigneur de Chauvigny, beaucoup regrettèrent l'ancien, et prétendirent que c'était bien le véritable. Sa mère, son frère, ses parents, l'ont reconnu, disait-on; s'il fut un imposteur, les circonstances le justifient. Quant à sa prétendue bigamie, n'y a-t-il pas été contraint; et dans ce crime dont on l'accuse, son homonyme n'est-il pas plus criminel et plus coupable ? Les deux jeunes femmes inspirèrent de l'intérêt; Claude de Verré, à côté de celles qui portaient son nom, mais qu'il traitait en étrangères, semblait un être sans cœur et sans honneur; on plaignait l'aventurier, on attaquait son heureux compétiteur. Celui-ci, cependant, continua à rester en possession des avantages que l'arrêt du parlement lui avait concédés. On ne sut jamais ce qu'était devenu Michel Feydy, et dans le pays, il ne fut plus connu que sous le nom de Michel l'imposteur. Au dix-neuvième siècle, grâce à nos conquêtes égalitaires, il eût pris quelque titre pompeux et en eût joui comme tant d'autres qui se font un état civil à leur gloire..... mais non à leur honneur.

V.

JOURNAL

DE M. LE CHEVALIER DE MARANS, OFFICIER DE NORMANDIE.

I.

Il y a quelques mois, une vente mobilière appelait au château du Fou un grand nombre de personnes du voisinage. Parmi ces visiteurs qu'un grossier intérêt ou que la curiosité amenait, bien peu donnaient quelque attention au château féodal et aux dépendances qui l'environnent. La grande cour du Fou et les pelouses du jardin anglais fourmillaient de monde. Mais ici, on ne s'occupait que des enchères et là-bas, vous rencontriez de ces figures stupides comme il y en a si souvent dans les foules, lesquelles s'en vont vaguant dans des allées quelles comprendraient si elles étaient bordées de carré de choux. Partout il y avait impatience et avidité, les tristes mobiles de l'activité humaine se lisaient sur la plupart des visages. Si quelques personnes étaient frappées des beautés du manoir féodal et de la grandeur stérile du paysage, leurs impressions ne se traduisaient que par de vagues paroles où le sentiment étroit de l'envie trouvait sa part. Nul ne reportait sa pensée sur les nobles souvenirs des âges écoulés, sur le patronage que ce monument et les familles qui l'avaient possédé exerçaient autrefois dans le pays. Les grandes existences ne sauraient plus aujourd'hui être comprises : notre époque est avant tout spéculatrice et bourgeoise, elle apprécie dans un monument le mérite matériel ou la valeur vénale, sans tenir compte de la valeur morale qu'il représente. Les vieilles traditions de la France qui font une partie de sa gloire se résument en chiffres, la pierre druidique n'a aucun prix, la tour en ruine ou le manoir du moyen-âge s'estiment au cube comme matériaux de rebut. Par cy par là une tache de sang, aux châteaux de Blois ou d'Holirood, appelle encore l'attention des touristes, mais il faut que l'histoire en soit populaire; et on passe incessamment sans l'offrande d'un regard à côté de légendes curieuses, on renverse ou l'on mutile des témoins de nos annales locales, seuls témoins de l'histoire. Il n'y a pas cinquante ans, l'Académie française ignorait encore où étaient mis Jeanne-d'Arc, Rabelais, Descartes et tant d'autres déshérités d'un fauteuil.

On l'a écrit avant nous, rien n'est triste comme une vente de meubles arrachés à la place qu'ils occupaient avec l'ordre relatif à nos besoins. Dans un vieux château, au Fou, depuis des générations on avait entassé sans art et sans choix bon nombre de ces choses qui ne vivent qu'un temps et qui, lorsqu'on les transporte au soleil, semblent exhumées de leur tombeau. Les détails intimes d'existences écoulées, viennent se révéler à un public indifférent et grossier et donnent lieu à des reflexions et des lazzis qui serrent le cœur. Les scènes qui se passent alors rappellent un peu celles de la Jacquerie, si ce n'est qu'elles s'étalent au nom de la loi et que la bataille s'établit avec l'argent, au lieu du libre échange de horions entre les Jacques et leur seigneur. Quand au résultat, il est à peu près le même. Le manoir féodal n'est pas incendié, mais il est pillé de fond en comble. Chacun emporte un lambeau de son ancienne richesse et c'est un spectacle curieux que celui de cette foule endimanchée chargée de dépouilles dont l'usage lui est étranger et qu'elle n'achète souvent que par orgueil. Dans une de ces ventes rurales, nous avons vu adjuger par un notaire de campagne, un certain meuble de toilette « fait en forme de guitare, disait » son inventaire et dont l'usage lui était inconnu...» Celui qui en devint propriétaire, se proposait de le placer dans *son salon* pour y mettre.... des fleurs.

La bibliothèque du Fou nous avait attiré, nous espérions y rencontrer quelques-uns de ces vieux livres, rares produits d'écrivains originaux, que notre siècle d'études banales et de futiles lectures laisse sommeiller dans l'oubli avec ce mot de Montesquieu : — Pourquoi lire les livres nouveaux quand on n'a pas lu tous les vieux livres ? — Cette bibliothèque était, hélas ! des plus vulgaires ; placée dans une sorte de vestibule, elle renfermait beaucoup de ces insipides romans mal édités par Barba, dont les plus connus, Corinne et Malek-Adel, caractérisent, par leurs peintures fausses et criardes, une époque heureusement loin de nous. Il n'y avait pas de choix à faire, les livres furent vendus par lots comme le vieux linge. Nous nous rendîmes acquéreur de quelques volumes d'anciens états militaires et de respectables bouquins sans valeur et plaçant le tout dans un reste de char-à-banc Louis XV que nous venions aussi d'acheter sous les remises, nous nous hâtâmes de fuir ce triste marché aux guenilles dont la vente blessait tout à la fois la convenance et les regards.

En route, nous avions le temps de soumettre notre lot à un examen positif. Ils étaient bien réellement ce que nous avions pensé, de ces livres qui servent de fonds ou *d'espaliers* aux étalagistes du quai Voltaire. L'un d'eux, virginal in-quarto, objet d'un respect séculaire, contenait sept ou huit pages manuscrites d'une écriture très-serrée, inégale et fort illisible. Quelques lignes attirèrent notre attention, il fallait les deviner comme un rébus du *Charivari*, cela piqua notre amour-propre.. Où ne va-t-on pas avec l'amour-propre et la curiosité? Demandez aux femmes?... Toujours est-il que nous avions entre les mains un fragment ou des fragments d'un journal tenu par un désœuvré chargé des douces chaînes du mariage et en sentant le poids. Quelques réflexions bizarres, quelques anecdotes amusantes nous engagèrent à persévérer dans notre étude hiéroglyphique. Nous n'avons pas la prétention de faire le Champollion, il ne s'agit pas de dérouler sous les yeux d'un lecteur endormi des Papirus de Thèbes ou de Memphis: ces fragments ont été écrits par un M. de Marans, peu de temps sans doute avant le mouvement social de 1790. Nos recherches ont été vaines pour arriver à préciser à quel membre de cette nombreuse famille appartenaît l'auteur de ces notes. Voici la liste de ceux vivant à cette époque, on verra qu'il n'est pas facile d'y constater une identité.

Pierre-Louis de Marans de Tricon, lieutenant-colonel au régiment, commissaire général, cavalerie.

Louis de Marans de Lafond, lieutenant au régiment de Bourbon.

Gabriel de Marans de la Maison-Neuve, officier au régiment Royal, infanterie.

Jean-César de Marans de Varenne, officier au régiment de Normandie.

Gabriel de Marans de Loudetterie, officier au régiment de Provence.

Voilà pour la partie militaire; nous avouons notre insuffisance quant aux autres.

En 1764, un chevalier Louis-François de Marans vécut dans la paroisse de Bonneuil-Matours, son nom figure souvent au registre de l'état civil.

Un autre chevalier de Marans, Joseph, habitait Varennes, en 1789, avec Périne Rosalie de Marans. L'émigration et la révolution dispersa toute cette famille qui remontait au XIme siècle et qui comme beaucoup de noblesse du Poitou, avait versé durant des siècles son sang pour la France, sans grande illustration ou grandes charges. Nous croyons aujourd'hui le nom éteint, nous n'avons donc pu nous fournir de renseignements auprès de la famille et dans l'incertitude où nous sommes restés, nous avons cru devoir attribuer à J. César de Marans, officier au régiment de Normandie, les fragments qu'on va lire, à cause de son voisinage du Fou, par sa résidence dans le fief de Varennes.

II.

Jeudi 2 janvier.

Madame, qui avait été aimable hier toute la journée, peut-être à cause du monde que nous avions à Varennes et des fourrures en marte que je lui avais données pour étrennes, a changé aujourd'hui. Le vent dans la journée s'est mis à l'orage, accompagné de pluie, c'est-à-dire de pleurs ; la raison, plutôt le prétexte, c'est que je refuse d'aller à Poitiers passer l'hiver.

— 5. Il nous est venu deux voisins et le recteur ; madame fait la gentille, je remarque qu'ainsi que beaucoup de gens, elle a une figure habillée pour le monde, une autre négligée pour les jours où nous sommes seuls.

Les femmes se font une singulière pratique du mariage, une fois le mari conquis, elles se croient quittes avec lui si elles lui sont fidèles de fait, les enjoleries, les grimaces, les minauderies sont pour les autres : marchandise vendue mais toujours offerte ; la loi fait une dupe du véritable acquéreur.

— 7. Madame gronde à propos de toilette, elle trouve la vie bien triste, sa mère la soutient et l'approuve.

Qu'est-ce donc que la vie ? — une minute de moins. La mort ? — une minute de plus.

Vulnerant omnes, ultima necat.

—10. D'ennui d'entendre toujours des querelles et des reproches, je prends mes chiens et je vais chasser un lièvre. Je rencontre Armand et nous déjeûnons à Bellefonds ; il me conte l'histoire de ce pauvre Noyant qui vient de mourir à peu près fou ; c'était le dernier de la famille.

Il y a quelques années, comme il faisait faire un habit noir, en drap, sans broderies, à la mode Anglaise, on lui dit — mais vous n'allez plus dans le monde, à quoi bon cet habit ? — bah ! vous n'y pensez pas, répondit-il, et le jour de ma mort !

— 11. Le recteur vient dîner avec nous, madame déploie ses grâces.

—13. Mauvais jour, la belle-mère et la fille merompent les oreilles. Où diable les femmes peuvent-elles trouver tant de mots piquants ! C'est une véritable pelote à épingles, il leur reste un peu du venin de ce maudit serpent de notre mère Ève. J'aurais mieux fait de brûler mon semestre au régiment.

— 15. Toujours de l'orage ; je me fâche, les giboulées se changent en tempête. Je monte à cheval et je vais à Chauvigny assister à une grande chasse qui doit durer trois jours.

— 19. La chasse n'a pas été heureuse, un temps épouvantable, nous avons passé un jour entier sans pouvoir sortir. J'ai rencontré à cette réunion de la Béraudière (1), de Royrand (2), de Boissard (3), etc. On a conté force histoires, en voici une du bailli de Grille qui nous a fait rire.

Ce brave de Grille, ancien commandant des grenadiers à cheval, passant un jour auprès d'un encan dans la rue Vivienne, eût la fantaisie d'y entrer. Il entendit porter à 12 livres l'objet alors aux enchères ; il s'informa à son voisin de ce que c'était : celui-ci lui répondit qu'il était question de quelques caraffes et verres étalés sur la table. Ne pouvant attendre l'adjudication, parce qu'il se trouvait des gens qui enchérissaient, il fit prévenir le crieur de pousser pour lui jusqu'à un louis, donna son nom et dit qu'il allait dîner à côté, chez Mme de la Reynière. Une heure après, comme on était à table, on vient lui dire

---

(1) Sous-lieutenant au régiment Colonel-Général.
(2) Capitaine au régiment de Navarre.
(3) Capitaine au régiment de Picardie.

que plusieurs portefaix chargés le demandent, il refuse de sortir, on les fait entrer et ces braves gens déposent dans la salle à manger dix-huit chaises percées, de hasard, qui étaient l'objet à l'enchère, lorsqu'il avait donné l'ordre de pousser. Qu'on juge des éclats de rire de toute la société et de la colère du bailli, qui renvoya cette belle emplette pour être remise à l'enchère le lendemain.

— La famille de *Curzay* qui porte pour armoiries, d'argent et d'azur formant 8 pièces avec bandes engrêlées de gueules, a été l'objet d'une singulière histoire (1).

Vers 1200, Guillaume de Curzay, qui habitait son château près de Lusignan, se fit connaître par les querelles qu'il entretint avec les chanoines de Notre-Dame-la-Grande de Poitiers. Cette famille possédait dans la ville le droit de *pied fourchu*, singulier nom qui aurait pu faire croire qu'il y avait quelque diablerie sous jeu; cependant il n'en était rien, et cela se réduisait à prélever un *denier* pour chaque charretée de poterie amenée à Poitiers, une pièce de poterie de chaque charge de bête et une *maille* pour chaque peau des animaux vendus dans la ville.

Soit que le clergé de Poitiers se crut affranchi de cette redevance, ou que quelques contestations se

---

(1) Cette famille est éteinte, le nom des Curzay aujourd'hui existants est Duval.

fussent élevéés sur leur perception, toujours est-il qu'il y eut une grande noise entre Guillaume de Curzay et les chanoines. Le sire de Curzay employa la violence, les chanoines se servirent des armes spirituelles. Un jour qu'un chantre et chanoine de l'église fondée par l'Empereur Constantin se rendait à Niort, il fut attaqué dans un chemin creux, renversé de sa mule, frappé et son escorte mise en fuite ; on accusa Guillaume de ce méfait, la chose ne fut pas prouvée, mais il n'en eut pas moins à subir l'excommunication et les délégués supplièrent l'évêque de faire saisir les biens d'un seigneur qui ne craignait pas d'attenter aux droits ecclésiastiques.

Guillaume fut relevé de l'excommunication peu d'années après et ce ne fut que près de deux cents ans ensuite, que ses héritiers firent cession aux chanoines prébendés de l'église de Poitiers de tous leurs droits de *pied fourchu*, moyennant 200 écus d'or.

Cent ans plus tard vers 1526, les souvenirs de ces divisions n'étaient pas éteints. Un Jean de Curzay, que Bouchet mentionne dans ses annales d'Aquitaine, était assassiné dans sa maison par des confrères qui le regardaient comme non relevé de l'excommunication de ses pères. André Noblet, prêtre qui s'était introduit chez lui nuitamment en fanatisant les domestiques, fut reconnu coupable de ce crime, dégradé et exécuté.

On dit que l'un des neveux de l'assassin est encore en ce moment procureur au présidial, il doit assez entendre les affaires pour avoir changé de nom.

Parmi les abbayes royales situées en Poitou, la plus riche, sans contredit, est celle de Fontevrault dont madame de Pardaillan d'Antin (1) est la supérieure. Cette abbaye où elle a été nommée en 1766, produit 80,000 l., tandis que parmi les 45 autres, une seule, celle de Nanteuil réunie au séminaire de St Charles de Poitiers a un revenu de 17,000 l. ; viennent ensuite l'abbaye de Celles à M. de Tayllerand-Périgord rapportant 14,000 l., et celle de St-Maixent d'un égal revenu. M. de Fontanges (2) a l'abbaye de Moreilles qui donne 9,000 l. et M. de La Rochefoucault celle du Breuil-Herbau, où il a été nommé en 1779 et qui possède un revenu de 6,000 l. Les plus petites sont celles de la Merci-Dieu à M. de Jons, du Pins, de Moreaux, d'Angles, etc. Dans cette dernière, on prétend que M. de Sinéti qui n'est pas jeune et qui se connaît en cuisine, comme frère de celui qui est maître d'hôtel de monsieur et qui a épousé Mlle de Brancas, ne peut se fournir de viandes avec son revenu lorsqu'il y vient par hasard pour le recevoir(3).

---

(1) Petite fille de Madame de Montespan, des ducs d'Antin, marquis de Montespan, seigneur d'Oiron etc., etc.
(2) Ancienne famille originaire d'Auvergne.
(3) Cette famille est originaire de Provence, le marquis de Sinéti existant aujourd'hui a épousé Mlle Foucher de Brandois, de Poitou, petite-fille de M. Seguier.

— Nous avons assisté dans notre enfance à une belle procession qui se fait à Poitiers en l'honneur et dévotion de Notre-Dame-la-Grande et qui rappelle le miracle des clefs. Le jour de Pâques, lorsque les vêpres sont chantées, toutes les dames principales de la ville, la femme du Maire à leur tête, se rendaient à Notre-Dame pour procéder à la toilette de la bonne vierge. Madame Pallu du Parc (1), qui pour lors se trouvait en fonctions, commençait par revêtir la statue d'un riche manteau qui avait été apporté au-devant d'elle, ensuite les dames des échevins l'entouraient de dentelles et la coiffaient d'une sorte de *cayon* ou mitre brodée qui permettait à peine d'apercevoir la figure de la vierge. Le lendemain la cérémonie recommençait, mais cette fois c'étaient les hommes qui y prenaient la principale part et messieurs les échevins, accompagnés du clergé, formaient une immense procession qui allait jusqu'à une des portes de la ville.

Cette belle cérémonie était accomplie en commémoration du miracle des clefs, qui, au dire de Bouchet, dans ses annales, sauva la ville de Poitiers d'une surprise des Anglais venus de Périgueux pour la dévaster et la piller.

---

(1) Marguerite Pignolet, veuve de Pierre de Jarasson. C'est à M Pallu du Parc qu'on doit la division officielle de la ville en quartiers et le numérotage des maisons. Il fut ennobli par lettres patentes du 6 mars 1774. (H. Filleau, dict. hist. de l'ancien Poitou.

Voici à peu près comment Bouchet raconte la chose.

Un clerc de Poitiers très-avaricieux et de *grand esprit* était alors au service du maire; pour conclure quelques affaires qu'il avait en Périgord, il lui donna congé pour accomplir ce voyage. Arrivé à Périgueux un jour de carême, ce clerc se mit en relation avec les Anglais qui tenaient cette ville et ils le tentèrent de leur en livrer l'entrée. Moyennant une somme de mille livres qu'ils lui promirent, il s'engagea à leur en donner les moyens le jour de Pâques pendant que les habitants seraient occupés à l'église.

Revenu à Poitiers, le clerc redoubla auprès de son maître de dévoûment et de zèle pour plus aisément le trahir. Les Anglais arrivèrent sous les murs de la ville la vigile de Pâques à minuit, et ils mirent dans leurs manœuvres tant d'adresse et de précaution, que personne ne fut averti, dit Bouchet, de leur approche.

La nuit venue d'exécuter sa trahison, après que le maire fut couché et eut mis derrière son chevet de lit toutes les clefs des portes de la ville, ainsi qu'il était accoutumé de faire, son déloyal serviteur voyant qu'il dormait, essaya de dérober les clefs de la porte de la tranchée où les Anglais devaient se rencontrer, mais quelque diligence qu'il mit à leur recherche, il ne put les trouver, ni en aucun endroit de la maison.

Cette circonstance fâcheuse ne découragea pas le traître. Il pensa que le lendemain matin, en feignant de donner les clefs à celui qui avait la garde des portes, il lui serait facile d'enlever celles qu'il convoitait et de leur aller ouvrir. Sans perdre de temps, il s'en fut donc de nuit sur les murailles et fit parvenir aux Anglais un écrit par lequel il leur mandait d'attendre jusqu'à quatre heures du matin. Cette heure sonnée, le clerc réveilla son maître et lui dit que les portiers de la tranchée demandaient les clefs, mais ce fut en vain que le maire les chercha. Alors, tout effrayé, il se douta de la trahison et il manda plusieurs notables habitants en les engageant à s'armer et à aller aux portes. Le bruit fut incontinent par la ville que les Anglais étaient à la tranchée et on se mit à sonner le beffroi. Lorsque la multitude arriva aux murailles, un singulier spectacle vint la surprendre, les cadavres de plus de quinze cents Anglais gisaient pêle mêle, comme s'ils venaient de s'entretuer les uns les autres. Les portes furent alors ouvertes et les habitants eurent facilement raison de ceux qui restaient; mais ne pouvant expliquer ce singulier mystère, ils considérèrent qu'ils en devaient toute la reconnaissance à la Vierge Marie, St-Hilaire et Ste-Radégonde dont les corps reposaient en la ville. A dater de ce moment des honneurs particuliers furent rendus à Notre-Dame-la-Grande, dans les bras de laquelle on avait retrouvé les clefs. Quant au clerc déloyal, on ne sut ce qu'il devint, car on ne l'a jamais revu et on fit la conjecture qu'il s'était noyé ou que le diable l'avait emporté en enfer.

Toujours est-il vrai que le manteau que je vis à Notre-Dame et qu'on renouvelait tous les quatre ou cinq ans, valait bien deux ou trois mille livres (1).

— Le sieur Planier, marchand charlatan, demeurant rue Notre-Dame la petite, vend une quantité d'objets qui pourront être appréciés du public si leur efficacité est en rapport avec ses promesses. On trouve chez lui un *ruban de santé* qui a la propriété de chasser tout mauvais air dans les endroits où on le porte; de plus, il délasse de toute fatigue et donne aux personnes épuisées une nouvelle vigueur. Il en vend pour ce que l'on veut, même pour 2 sous. Il vend aussi la boule de Mercure pour détruire les vers des enfants, les poux et autres insectes désagréables. Il fait une bougie merveilleuse sans aucune graisse et qui éclaire mieux que la naturelle, sans odeur ni fumée.

— Une comédienne, jeune et jolie, Mme Montfort vient de jouer au théâtre de Poitiers avec un grand succès; beaucoup de Poitevins lui ont adressé des vers. Un officier du régiment de Rouergue qui lui

---

(1) Voyez sur les processions de Poitiers ce que dit M. de la Liborlière, (Souvenirs de l'ancien Poitiers, p. 125, in-8°).

présentait un de ses amis, lui dit après avoir entendu une pièce de poésie qu'il venait de réciter à l'actrice: Monfort, ce n'est pas *son fort*.

— C'est M. le comte d'Andrezel qui est lieutenant-colonel de ce régiment.

— Il y a quelques mois, les habitants des bords de la Vienne à Châtellerault furent effrayés en voyant passer le soir un homme couvert de sang qui se tenait à une planche au milieu de la rivière, on l'appela vianement sans qu'il répondit et comme il suivait le cours de l'eau et que la nuit arrivait, on ne put s'assurer si ce malheureux était mort ou vivant. Trois ou quatre jours après on sut qu'il avait été pêché au-dessous de la ville et il fut facile de constater sur son cadavre qu'il était mort assassiné sous des coups de couteau et des coups de bâton. Le 28 février procès-verbal fut dressé, on y donne son signalement et on y dit entre autre chose qu'il était *très-bien denté*. Les habits ont été déposés au greffe du marquisat d'Argenson, mais malgré toutes les recherches faites depuis, il a été impossible de découvrir le nom et l'état de cet homme (1).

— Parmi les choses illustres de notre Poitou, il en est peu sur laquelle on ait autant écrit, qui ait inspiré autant d'hommes célèbres, de poëmes, de madrigaux,

---

(1) On trouve ce fait mentionné dans les affiches du Poitou de 1788, mais avec moins de détails.

de distiques que la circonstance la plus minime arrivée à Poitiers en 1579 durant la tenue des Grands Jours.

Laissons parler le grave Étienne Pasquier :

« M'étant, dit-il, transporté en la ville de Poitiers
» pour me trouver aux Grands Jours, auxquels
» devait présider M. de Harlay, je voulus visiter
» mesdames des Roches. Après avoir longtemps gou-
» verné la fille, l'une des plus belles et sages de notre
» France, j'aperçus *une puce* qui s'était parquée au
» beau milieu de son sein, en moyen de quoi, par
» forme de risée, je lui dis que j'estimais cette puce
» très-prudente et très-hardie; très-prudente, *quidem*
» d'avoir su choisir cette belle place; hardie, *autem*
» de s'être mise en si beau jour..... finalement, ayant
» été l'auteur de la *noise*, je lui dis que cette puce
» méritait d'être *enchassée* dans nos papiers et que
» très-volontiers m'y employerais, si cette dame vou-
» lait de sa part faire le semblable.... nous mîmes
» la plume à la main, etc., etc. »

Catherine Neveu, fille de Madeleine Neveu. dame des Roches, qui donna lieu au tournoi galant que formèrent tous les beaux esprits de son temps, était une beauté accomplie J'ai vu dans ma jeunesse un vieux portrait de cette belle. où elle était représentée avec la coiffure et le costume de l'époque, mais dont les yeux et le sourire étaient vraiment séduisants.

Catherine des Roches demeurait avec sa mère à Poitiers dans la rue de la prévôté ; ces deux femmes éprouvaient l'une pour l'autre l'affection la plus vive, elles étaient unies, outre les liens du sang, par ceux d'une communauté rare d'inclination, de talents et de goûts. Afin de ne pas quitter sa mère et peut-être parce que la vanité lui avait fait tourner la tête, jamais Catherine ne voulut se marier. Julien de Guersens, depuis sénéchal de Rennes, lui fit en vain la cour durant longtemps et se jeta pour elle dans la littérature; il ne put la décider à lui donner sa main.

« La fille belle en perfection, tant de corps que d'es-
» prit, dit encore Pasquier, requise en mariage, mit
» toutes requêtes sous ses pieds, résolue de vivre et
» mourir avec sa mère et cela avenant de rester
» seule..... mais lui ayant fait cette remontrance,
» encore n'est-elle demeurée sans réponse, me disant
» qu'elle ne pourra jamais être seule, ayant ses livres
» et papiers qui lui feront perpétuelle compagnie. »

Parmi les illustres qui, dérogeant à la gravité de leurs fonctions, chantèrent la belle des Roches et sa *puce si hardie,* nous pouvons citer le président Achille de Harlay, l'avocat général Brisson, Antoine Loysel, René Chopin, Pierre Pithou, Jacques Mangot, Odet *turnebus*, etc., etc. Après avoir épuisé les beautés de la langue française, on rima en latin, en italien et même en grec. Les deux célèbres Poitevins

Ste-Marthe (1) et Rapin se joignirent à messieurs des Grands Jours, Scaliger qui pour lors vivait à la Roche-Posay, Langlais de Belestat, Mornac, le père Hilarion de Coste (2) et beaucoup d'autres réunirent leurs voix à ce concert qui chantait le phénix du Poitou :

A l'unique oiseau je compare,
Ces deux dames de vertu rare.

Les œuvres de ces deux *grandes dames* (je me sers de ce mot inusité), furent imprimées à Paris en 1559 chez Abel l'Angelier in-4º et à Poitiers chez Courtois en 1583; ce volume est entre nos mains.

— Un bon bourgeois de Poitiers, M. L.... arriva à Paris pour la première fois à l'âge de cinquante ans, il avait fait le voyage dans les diligences dont nous avons parlé, les *turgotines,* comme on les nomme vulgairement. Fort secoué, fort dérangé par les trois ou quatre jours qu'il a mis à son trajet, notre brave compatriote, après s'être pourvu d'un logement, ne sent pas diminuer son malaise et il vient s'y mêler une autre souffrance assez commune chez les nouveaux débarqués et dont l'eau de Paris est, dit-on, la cause. Pressé de soulager son mal, il descend en courant son escalier et s'adressant à l'hôte il lui demande la clef d'un certain endroit qu'un auteur de l'Acadé-

---

(1) Elog. p. 153. — 1606.
(2) Elog. des dames illust. p. 402.

mie n'oserait nommer dans un livre. Cet hôte lui donne une petite clef qu'il cherche longtemps, pendant que le provincial se tord sous les étreintes de sa douleur. — Voici, monsieur, lui dit-il, une petite clef avec laquelle vous ouvrirez ce cabinet que vous voyez là-bas.... Un instant, monsieur, un instant, s'écrie le maître d'hôtel en voyant son client disposé à courir au lieu indiqué. — Vous ouvrirez ce cabinet où vous trouverez une commode; dans cette commode est un tiroir; dans ce tiroir est une boîte et dans cette boîte une autre petite clef dont vous vous servirez pour ouvrir une autre porte qui donne là-haut sur votre corridor; au bout de ce corridor est un couloir au fond duquel vous verrez une porte en paille ; vous sonnerez, on viendra et vous entrerez. Les personnes qui vous ouvriront vous donneront une grosse clef, alors vous redescendrez l'escalier, vous tournerez à gauche dans une galerie, où un domestique spécial que vous appelerez vous indiquera la porte..... Le poitevin ne voulut pas en entendre davantage, il prit comme dans sa ville, la rue pour cabinet, et mal lui en survint, le fait fut constaté et le commissaire de police verbalisa contre le malheureux patient. Il fallut payer l'amende, mais le lendemain le provincial repartait pour son pays en jurant qu'on ne le verrait jamais revenir dans une ville où il fallait tant de cérémonie pour accomplir une chose si naturelle.

— Le comte de Vihiers qui était, il y a trente ans environ, seigneur de Monthoiron, avait servi comme volontaire sous le maréchal de la Meilleraye. Ce Vihiers, de la famille de Turpin de Crissé se sentait un peu de son ancien état de volontaire, car à cette époque, les cadets qui fournissaient ainsi leur carrière, étaient assez souvent de sac et de cordes. Celui-ci avait épousé, après bien des traverses, la fille du sieur Laurent, président à Niort, qui lui donna plus de cent mille écus. Il vint ensuite résider à Monthoiron, il malmena les paysans et ne fut pas aimé dans le Châtelleraudais (1).

— Le 18 juin 1776, craignant qu'il ne s'élevât des discussions dans notre famille au sujet des billets, testaments, etc., qu'avait pu faire notre père, nous fîmes un acte de famille sous signatures privées pour annuler tout ce qui pourrait avantager l'un de nous : étaient présents Louis-François de Marans, chevalier de St-Louis (2), seigneur de Tricon; Charles-François de Marans; Jean-César de Marans; Gabriel Dutheille de la Lande et dame Anne-Louise de Marans, son épouse; Mlle Jeanne-Périne de Marans;

---

(1) Nous retrouvons une mention de ce fait dans les mémoires concernant l'état du Poitou par Charles Colbert de Croissi, (1666).

(2) Ce brevet de chevalier de St-Louis est du 6 mars 1763, signé Louis et plus bas le duc de Choiseuil (archives départementales).

Mlle Marie-Anne-Françoise de Marans et Mlle Marie-Françoise de Marans. Le 23 juin de la même année, on procéda dans la paroisse de Bonneuil-Matours à la vente des objets mobiliers, qui furent adjugés à la criée par le sieur Basset, notaire royal, moyennant 374 liv. 10 sols. Toutes ces choses achevées, nous devions croire qu'il n'y avait plus à y revenir et voilà cependant que de nouvelles difficultés s'élèvent etc.

— Le brevet de cornette dans la compagnie de chevaux-légers des nouvelles levées du chevalier de Chataigné, délivré le 1er août 1743, celui du 22 mars 1745 de lieutenant dans la compagnie d'Argenteuil, enfin celui du 19 décembre 1756 de lieutenant dans la compagnie de St-Simon, par suite de la retraite de M. de la Ruelle, sont contresignés par M. de Voyer d'Argenson, conseiller-secrétaire d'État et des commandements et *finances* (1).

— Quelques auteurs ont prétendu que le nom de *Marans* venait de celui des *Maures* qui firent des invasions en France aux 1ers siècles de la monarchie. Nous trouvons dans plusieurs écrivains la légende suivante qui se rapporte à cette étymologie.

Montpellier que quelques antiquaires appellent Mont-des-Pucelles, était, disent-ils, autrefois une petite principauté. Une princesse d'Aragon, mariée

---

(1) L'auteur veut parler sans doute de brevets délivrés à la famille de Marans.

à un comte de Provence, ayant été attaquée sur mer d'une furieuse tempête, lorsqu'elle allait trouver son époux, fut jetée par les vents dans ce petit état. Le comte de Montpellier qui en était souverain la reçut le mieux du monde, mais lorsqu'elle voulut, après avoir réparé les désastres de son équipage, prendre congé de lui, il parut décidé à ne pas laisser échapper la bonne fortune que le ciel semblait lui avoir envoyée. La princesse assembla son conseil et comme la loi du plus fort est toujours la meilleure, elle se rendit à celle du comte de Montpellier. Peut-être ne fût-ce qu'une douce violence, il était bien fait, il était présent, avantages fort considérables en amour, enfin le mariage se fit et le roi d'Aragon n'en fut averti que lorsqu'il n'était plus temps de s'y opposer. Le comte de Provence prit patience faute de pouvoir mieux faire et nos nouveaux époux restèrent contents et tranquilles à Montpellier. Mais l'amour qui se lasse ordinairement du repos troubla bientôt celui de cette petite cour. Le comte devint éperdument amoureux d'une demoiselle de sa femme et fit tout ce qu'il put au monde pour ébranler sa vertu; ses soins ayant été inutiles, il prit un si grand dédain pour la princesse qu'il regardait comme le seul obstacle à sa félicité, qu'il rompit entièrement commerce avec elle. Ce divorce dura plusieurs années. La demoiselle qui le causait voulut demander son congé, mais il ne lui fut pas possible de l'obtenir. La princesse souffrait cela patiemment, le peuple en murmurait, et enfin les principaux magistrats ayant tenu conseil, ils députèrent quelques-uns de leur corps à la princesse pour la prier de se prêter à un innocent artifice dont ils espéraient un entier succès. Ce moyen diplomatique, suivant les sages de Montpellier, était d'obtenir de la demoiselle qu'elle se radoucirait un peu, qu'elle feindrait de vouloir favoriser les feux du comte et lui donnerait pour cela un rendez-vous nocturne, qu'elle exigerait sous prétexte de pudeur qu'il y viendrait sans lumière et qu'à la faveur des ténèbres elle substituerait sa maîtresse à sa place. La princesse avait, pour bien des raisons, de la peine à se servir de cette ruse, cependant elle se rendit aux considérations qu'on lui allégua. La demoiselle voulut bien de son côté laisser douter pendant quelques heures de sa vertu pour la faire briller ensuite d'un nouvel éclat. La chose fut exécutée comme elle avait été résolue, et lorsque le comte se croyait au comble de ses vœux, la porte de la chambre s'ouvrit, les magistrats entrèrent et vinrent se mettre à genoux auprès de son lit après lui avoir fait connaître son erreur et en lui demandant pardon de l'avoir causée. Le comte fut d'abord fâché de la tromperie, mais revenant à lui-même et touché des marques de tendresse qu'il venait de recevoir de sa femme, il lui demanda pardon à son tour, loua le zèle de ses sujets et les remercia du soin qu'ils avaient pris de le faire revenir de son égarement. La vertu de la demoiselle fut recompensée, on lui donna les éloges qu'elle méritait et son congé. Le comte ne voulut pas même la voir et fit toujours depuis le meilleur ménage du monde avec sa femme. De ce raccommodement, il vint un prince qui hérita ensuite du royaume d'Aragon et ce fut par là que Montpellier appartint à ce royaume et que plusieurs familles aragonaises s'y transportèrent. Il y en a encore à l'heure qu'il est que l'on distingue sous le nom de *Marans*, parce qu'on prétend qu'ils descendent des Maures dont les royaumes d'Espagne étaient autrefois remplis. Il est certain, du reste, qu'un grand nombre de familles nobles en France, doivent leurs noms à des sobriquets, à des surnoms ou à des désignations de terre et d'évènement (1).

— Vendredi 9 mars. Madame est de mauvaise humeur et il pleut à verse. Je me renferme dans ma chambre et je transcris ici quelques pensées qui me sont venues depuis cinq ou six ans que je connais la vie.

— La beauté plaît, l'esprit séduit, le cœur attache.

— On peut plaire sans aimer, mais il est difficile

---

(1) Nous retrouvons cette histoire dans les lettres de Mme du Noyer, t. 1. 1739, nous ignorons si d'autres auteurs ont fait mention de ce qui n'est effectivement qu'une *légende*.

d'aimer véritablement sans plaire.

— La vie donne le mouvement et le mouvement entretient la vie : l'esprit procure la réflexion et la réflexion entretient l'esprit.

— Il ne suffit pas toujours d'avoir raison pour réussir, mais il suffit toujours de réussir pour avoir raison.

— Il devrait y avoir quelque chose de pire que la misère, c'est une opulence mal acquise.

— L'argent le mieux placé est celui qui ne rapporte pas d'intérêts.

— Si tous les bienfaits étaient purs on compterait moins d'ingrats.

— Ne peut-on rien, on promet beaucoup; mais peut-on tout, l'on ne tient guère.

— L'on donne plus à la vanité que l'on n'accorde au malheur.

— Le ridicule empêche de monter, le vice y aide.

— On obtient souvent plus en se faisant craindre qu'en se faisant aimer.

— Comme on est étonné de s'être aimé quand on ne s'aime plus.

— L'espérance et le souvenir rendent quelquefois plus heureux que le bonheur même.

— Si deux femmes sont véritablement amies, on peut gager qu'elles sont vertueuses toutes deux.

— Qui n'a pas été jaloux n'a jamais aimé d'amour.

— M. de Moncrif vient de faire une chanson que terminent ces deux vers :
> En songeant qu'il faut qu'on l'oublie,
> On s'en souvient.

— L'homme qui se plaint de la faiblesse des femmes, ressemble à un ouvrier qui avouerait la fragilité de l'ouvrage qu'il vient de terminer.

— On dit toujours aux gens qu'on les aime pour eux et c'est presque toujours pour soi.

— Les succès de l'amour-propre sont un bon remède contre les peines du cœur.

— Il n'est guère que le malheur qui réfléchisse; l'homme heureux n'a que le temps de jouir.

— Si les médecins étaient confesseurs ils guériraient plus vite leurs malades.

— Pourquoi tant se plaindre d'être trompé ? c'est le seul bienfait d'un ingrat.

Si l'on élevait un temple à l'égoïsme et qu'on en fît un dieu, il n'y aurait plus d'athées.

— Il faut absolument qu'un grand, lorsqu'il veut être aimé, s'accoutume à ce qu'on lui manque de respect.

— L'erreur est d'être malheureux.

— S'ennuyer est un rôle moins sot que celui d'amuser les autres.

— Il y a une politesse plus impertinente que la hauteur.

— L'application aux petites choses est la preuve qu'on n'en fera jamais de grandes.

— Le génie fait les grands hommes, le hasard fait les héros.

— Avec un peu plus de bon sens on rirait de tout, excepté de la douleur.

— L'envie est comme la rouille : elle salit ce qu'elle touche et ronge celui qui l'a.

— Pourquoi crier après les menteurs ? on se ment si souvent à soi-même.

— Voulez-vous qu'on dise que vous avez de l'esprit ? n'en montrez jamais que ce qu'il faut pour faire briller celui des autres.

Dimanche 11.

— L'aventure arrivée à *Mehemet Niza Bey*, l'ambassadeur persan venu en mission en France, il y a une cinquantaine d'années, me revient en mémoire, elle m'a toujours paru des plus plaisantes. Depuis, nous avons reçu bien des ambassadeurs, mais jamais de cette manière.

Mehemet Niza bey qui, en arrivant à Marseille, s'était cru le droit de jeter le mouchoir à quelques dames qui étaient venues le visiter, passait pour bel homme, galant, bon cavalier, mais fort colère. Il ignorait absolument nos mœurs et se croyait toujours en Perse, aussi avait-on de la peine à lui faire comprendre qu'en France hommes et femmes n'étaient pas esclaves et qu'on ne pouvait agir avec eux comme avec la populace Persane. Dans son voyage entre Marseille et Paris, voyage qu'il fit toujours sur un cheval de son pays sans crinière et à queue tressée, il vint loger en une petite ville de Provence dont les magistrats résolurent de lui faire les honneurs en le haranguant et lui offrant des présents.

Pour cela ils composèrent une belle harangue et après avoir choisi des députés propres à faire leurs honneurs, ils les chargèrent de présenter leurs dons et leurs respects à M. l'ambassadeur; mais une petite difficulté pensa les arrêter en chemin, c'était de savoir comment ils pourraient se faire entendre. On assembla de nouveau le conseil là-dessus; et enfin à force de chercher, on trouva un matelot qui avait été longtemps dans le levant, qui parlait persan comme provençal et qui par conséquent était justement le fait. Il avait de l'esprit, cela n'est pas rare en Provence, aussi il eut bientôt appris la harangue. Après l'avoir habillé convenablement, les députés le mirent à leur tête et il leur promit de jouer convenablement son rôle après leur avoir fait à son tour leur leçon, qui était de le regarder et de faire toujours tout ce qu'il ferait sans s'embarrasser d'autre chose, chacun promit d'observer tout ce qui lui était prescrit et l'on fut ainsi au-devant de M. l'ambassadeur qui fut salué par ce nouveau maître des cérémonies et ses imitateurs comme il aurait pu l'être dans la province d'Erivan. Mais ce qui aurait dû lui faire plaisir le mit au contraire en fureur et portant d'abord la main au cimeterre. — Ha ! malheureux, s'écria-t-il, en interrompant le pauvre harangueur au milieu d'une période, tu ne saurais pas si bien nos manières et notre langue si tu n'étais pas toi-même Persan : tu es sans doute un rénégat de Mahomet, mais je vais t'abattre tout-à-l'heure la tête d'un coup de ce sabre.

Le harangueur qui n'était point préparé à ce qui-va-là et qui n'avait pas envie de se défaire de sa tête, ne savait comment sortir de cet embarras; il jurait, gesticulait, et les députés qui le voyaient faire, se démenaient à son exemple comme des possédés; mais plus ce pauvre diable parlait, plus il irritait l'ambassadeur qui se confirmait dans son opinion. Le harangueur passait un très-mauvais moment et aurait bien voulu n'avoir pas accepté une commission aussi périlleuse, mais enfin la nécessité, qui comme on dit est la mère des inventions, lui fit trouver un moyen pour se tirer de ce mauvais pas et il s'avisa de prouver par démonstration à cet incrédule et furibond ambassadeur qu'il avait toujours été chrétien, en lui faisant voir qu'il n'avait jamais été circoncis. Cette preuve était convaincante; mais voici le beau ; les députés qui ne le perdaient pas un moment de vue et qui avaient pris toute la dispute pour des compliments à la Persane, croyant que cette dernière démonstration entrait aussi dans le *cérémonial* du pays, se crurent obligés d'imiter leur représentant et à faire les mêmes preuves de christianisme. Imaginez un peu quel plaisant spectacle, représentez-vous tous ces graves magistrats dans l'attitude que l'on ne saurait peindre !... On ne dit pas ce que firent les dames présentes à ce spectacle, mais la chose s'étant ébruitée, elle vint jusqu'à Paris et quand on parla en cette ville de cette aventure, on l'appela catéchisme de Provence, pièces en mains.

Dimanche 4 avril (4), jour de Pâques.

J'ai reçu hier une lettre que de Chateauvieux m'écrit du régiment à Brest. Notre colonel, M. le comte de Lambertie a été malade, on me demande quand je dois revenir. Si madame continue ses *giries*, je n'attendrai pas la fin du semestre.

---

(4) Cette date du 4 avril, jour de Pâques, semble indiquer que ce journal a été écrit en l'année 1790.

Cette lettre a mis sept jours à m'arriver. Le service se fait bien mal. C'est un piéton qui part les jeudis de Poitiers à 5 heures du soir et qui fait le service de Chauvigny, Angles, Le Blanc, etc.; il revient à Poitiers le dimanche.

M. Supervielle, directeur près l'Hôtel-Dieu, me donnait il y a quelque temps, le détail du service de la poste aux lettres.

Le courrier pour Paris part de Poitiers les dimanche et mercredi à 10 heures et il arrive à Paris les lundi, mercredi et samedi au matin. Repart les dimanche, mardi et samedi et arrive à Poitiers les lundi et jeudi à 2 heures après-midi.

Une lettre simple paye huit sols; avec enveloppe neuf sols; la lettre double quatorze sols et 32 sols l'once pour les paquets.

Le fourgon pour toutes sortes d'effets, or et argent, part de Poitiers pour Paris les vendredis à 2 heures du soir et est de retour les jeudis à 9 heures du matin, il part de Paris les mardis.

Prix des places des diligences :

De Poitiers à Paris dans la voiture, 74 liv. 12 s. — hardes la liv. 4 s. 6 d^{rs}.

C'est Joseph Trouvet qui fait avec sa carriole le service de Chauvigny et Saint-Savin, il part les vendredis et arrive le dimanche soir.

Le sieur Malteste, rue des Grandes-Écoles à Poitiers, ou la veuve Ribaudeau, aubergiste de la Tête-Noire, se chargent du roulage des malles, marchandises etc.

— 5 avril. Visite de M. Ouvrard de la Pelletrie, receveur particulier des bois, sous M. Creuzé Desrochés, maître particulier des eaux et forêts.

M. Ouvrard passe la soirée à raconter les tentatives faites autrefois pour rendre le Clain et la Vienne rivières navigables. La première pensée de cette entreprise remonte au roi Charles VII qui voulait le *navigage* du *Clan* (qu'on appelait en ce temps le *Plain*) et celui de la Vienne de Chastelleraud à Chauvigny (1).

Le Clain, après bien des projets et des tentatives inutiles, fut en effet rendu navigable sous Henri IV. Le 5 juillet 1605, il y eut un arrêt portant adjudication au profit de René Bernard moyennant 189,000 L.

Les bâteaux de la Loire et de la Vienne remontèrent jusqu'au pont Joubert, sous les tours du château, où on voit encore les anneaux qui servaient à les amarrer. Le peuple appelle cet endroit *li port*.

Cette entreprise ne produisit aucun profit et c'est le cas de dire qu'elle tomba dans l'eau. En 1609 l'adjudicataire demandait qu'on augmentât son indemnité.

En 1707, la chose était abandonnée. La supérieure

(1) On retrouve mention de ce fait dans les an. d'Aquitaine de Bouchet, feuil. 142, Poitiers 1557.

de l'Union-Chrétienne de Luçon demandait au conseil d'État la permission de refaire la navigation de Châtellerault à Poitiers et de Poitiers à Vivône. M. Donjat, intendant de la province, donnait un avis favorable et messieurs Claude Fumée et Boivin de Noiré, maire perpétuel de Châtellerault, y faisaient opposition.

En 1723, la supérieure de Luçon céda son privilège moyennant cinq mille livres de rente à MM. Bridou de Belleville et de la Guéronnière et depuis lors la navigation du Clain a produit rente sans porter ni bâteaux ni marchandises. Ce n'est pas la montagne, mais la rivière qui accouche d'une souris.

— 7 avril. Je trouve dans les *sérées* de Guillaume Bouchet, juge et consul des marchands à Poitiers, cette réflexion :

« Les anciens qui sacrifiaient à Junon *nopcière*,
» ostoient le fiel de la victime et le mettoient derrière
» l'autel, pour montrer que le mariage devait être
» *eslongné* de toute noise et courroux.

Cette dévotion rendait-elle les ménages plus heureux ?

— 8. En notre province de Poitou, les fiefs devaient presque tous service au Roi de leurs tenanciers et hommes d'armes qu'ils avaient à fournir. Dans son hommage de 1493, Raoul Reicheteau, seigneur de

Traversay s'engage à mener avec lui un homme avec *cotte gamboisée* entre les rivières de Loire et de Dordogne durant 40 jours et 40 nuits.

Ce même fief, érigé en comté par lettre patente de février 1632 en faveur du sieur de Bessay, est arrivé par héritage aux Montbel et aux d'Argicourt. Le 20 mai 1775, hommage fut rendu tant par mutation de vassal que de seigneur par Jean Jeoffroi, fondé de procuration de Jacques-Timoléon de Conty, chevalier, seigneur, marquis d'Argicourt, Bonneville, Mairé, comte de Crémault, Traversay et La Mort-Martin au nom et comme mari et exerçant les droits de Mme de Montbel son épouse, fille et héritière de la demoiselle Cécile de Bessay, sa mère.

Ce Conty d'Argicourt est le neveu de la célèbre Mme Dubary. Son père a changé de nom à cause de l'illustration de la dame. C'est encore un mariage mal assorti.

. . . .
. . . .

16. Feu M. Boucher, peintre du Roi, dont les scènes pastorales et les bergeries ont eu tant de succès, avait cherché quelque temps avant sa mort à propager le goût de la peinture en formant, dans les principales provinces de France, des académies où seraient enseignés les arts du dessin. M. Aujollest-Pagès son élève, vint à Poitiers et reconnut de la

volonté et de la disposition dans les élèves qu'il forma et de la bienfaisance et de la protection dans les administrateurs. Vers 1772, il y a une quinzaine d'années, M. Pierres, successeur de M. Boucher obtint des lettres patentes qui fondèrent une école de peinture à Poitiers. Ces lettres furent confirmées en 1774 et expédiées à M. Pallu du Parc, lors maire de cette ville, et on y joignit un règlement relatif à la composition des amateurs et académiciens, du nombre desquels font partie MM. le comte de la Barre, marquis de Nieuil, Soulas de la Rochereau, Laurence, prieur de St-Paul et de Rohan-Rohan, Lelong, procureur du Roi à Civray, Penin, chanoine de Sainte-Radégonde, etc., etc.

Or, il y a quelques années, un de ces amateurs étant allé à Paris, fut chargé par M. Penin de lui acheter pour son église un tableau représentant le martyre de quelques saintes. Il s'acquitta de son mieux de la commission, mais voulant profiter de son voyage pour enrichir son cabinet, il acheta pour son propre compte un tableau à peu près de même grandeur représentant des baigneuses un peu nues, surprises par un actéon ou indiscret quelconque. Un emballeur fut chargé de mettre les tableaux chacun dans une caisse et de les expédier à Poitiers avec les adresses qu'on lui donna. Le hasard voulut que l'emballeur après avoir cloué ses caisses, commit une erreur et mit le nom du chanoine sur celle qui contenait les baigneuses. Les caisses partirent, celle destinée à M. Penin arriva durant une absence qu'il avait été obligé de faire, mais comme avant que de partir il avait donné ses ordres, le tableau fut tiré de sa boîte et porté à l'église ainsi qu'il l'avait recommandé. Il y était déjà depuis plusieurs heures, lorsque le prieur, M. de La Faire, entrant dans Sainte-Radégonde aperçut un grand rassemblement de bonnes femmes dans un endroit où elles ne se tenaient pas ordinairement. Il s'approcha et vit, non sans surprise, le tableau des baigneuses. Le sujet ne convenant pas précisément à une église, on comprend qu'il n'y resta pas longtemps, mais on ajoute, ce que je ne garantis pas, que lorsqu'on l'enleva il y eût des murmures et qu'on avait déjà allumé et brûlé plusieurs cierges en l'honneur des saintes femmes qu'on prenait pour des néophites recevant le baptême.

2 mai. Départ de ma belle-mère, le ciel lui prête de longs jours ailleurs que chez moi ! Depuis son arrivée il n'y avait que tempête, aurai-je meilleur temps à l'avenir ?

5. Nous recevons du monde, madame qui continuait sa méchante humeur, devient, comme par enchantement, gracieuse et même coquette. Après le dîner elle fait une grande promenade avec deux ou

trois jeunes gens et en revient très-gaie. Mais notre preux Roi François I__er__ n'a-t-il pas écrit sur les vitraux de Chambord :

> Souvent femme varie
> Bien fol est qui s'y fie.

Nous arrêtons ici les extraits de ce journal qui contient beaucoup d'articles sans intérêt ; quelques autres sont illisibles et se trouvent mêlés à des notes de fermages et de dépenses particulières. L'histoire conjugale du chroniqueur a dû finir ainsi que beaucoup d'autres ; nos lecteurs se passeront bien d'une conclusion sur ce sujet.

TABLE DES MATIÈRES.

	Pages.
Au Lecteur.	VII
Les Ruines de Chîtré.	1
Le Trésor de M. Ledoux.	45
Les Bûcherons de la Forêt de Moulière.	81
Claude de Chauvigny.	117
Journal de M. de Marans.	163

DU MÊME AUTEUR :

ÉPISODES DE VOYAGES

1 vol. in-18, format Anglais.